KB102297

POSITIVELY MINDFUL

긍정 마음챙김

현재의 힘을 느끼는 일상 자각훈련

지은이

도날드 알트만

옮긴이

송단비, 박주원, 임용대

감수

박정효

Table of Contents

✳

Week 1
마음챙김이란?

Week 1
마음챙김이란?

마음챙김에 대해서 알고 싶어 하는 분들을 염두에 두고 이 책을 썼습니다. 자신을 위해 활용하고자 하는 분들, 심리치료사 또는 건강관리 전문가로서 현장에 적용하여 고객들을 돕고자 하는 분들을 위해서 말이죠. 삶의 일상에서 누구나 마주하게 되는 몸과 마음, 정신의 도전 과제들을 더 나은 방법으로 해결할 수 있도록 해주고, 더욱 선명한 인지 역량을 갖출 수 있도록 중요한 자원과 도구를 소개합니다.

현대 사회는 사람들에게 점점 더 많은 것들을 요구하고 있기에 우리는 쉽게 불균형에 빠질 수 있습니다. 이 책에서도 다루겠지만, 마음챙김은 삶에서 어렵게 느껴질 수 있는 관계의 측면을 변화시켜주는 수단이 됩니다. 마음챙김은 운전 중 갑자기 끼어드는 운전자를 멈추게 하거나, 둔감한 상사를 배려하는 리더로 만들어주진 않지만, 삶에서 마주하게 되는 도전들을 좀 더 긍정적이고 유익하게, 희망적으로 만들어갈 수 있는 방법들을 알려줄 겁니다. 날씨에 비유하자면 폭풍우가 몰아치는 힘든 상황에서 평온함을 가져다주는 것과 같겠네요.

마음챙김은 평소에도 자주 쓰이는 표현입니다. 2009년 미국 대통령 수락 연설의 첫 문장에서 사용될 정도였으니까요. 이렇게 마음챙김이 많은 관심을 받고 있다는 것은 기쁜 일입니다. 하지만 사실 이 용어는 단순하게 설명하기에는 다소 어렵고 복잡한 개념입니다. 조금 편안하게 이야기하면 마음챙김이란, '자각하고 있는 상태'라고 정의할 수 있습니다.

마음챙김이라는 주제가 표면적으로는 단순해 보이지만, 실제로는 지속적인 노력과 에너지, 기술이 필요한 수행입니다. 수도원에서 저의 스승님이셨던 우실라난다(U Silananda)스님은 이렇게 말씀하셨지요. "마음챙김은 무료다. 우리 모두가 이를 가지고 태어난다." 하지만 음악이나 체육과 같이 타고나는 다른 역량처럼 마음챙김을 효과적으로 활용하기 위해서는 오랜 시간을 두고 탁월해질 수 있도록 노력해야 합니다. 일단 숙달이 되면 당신이 어떤 것을 하더라도 쉽고 즐겁게 마음챙김을 함께할 수 있습니다.

누구나 마음챙김을 이해하고 경험할 수 있습니다. 이를 위해 꼭 숲에 들어가서 명상을 해야 하는 것도 아닙니다. 마음챙김을 배우기 위해 전문가가 되어야 하는 것은 아닙니다. 매일매일의 삶에서 쉽게 실천할 수 있습니다. 마음챙김의 핵심은 우리가 삶에 더 주의를 기울이고 호기심을 가지며, 어떤 의도를 갖게끔 하는 존재방식에 있습니다. 이렇게 생활하게 되면 삶이 경험이 되고 돌아보게 되죠. 마음챙김은 소중한 우리 삶에 더욱 초점을 두도록 해줍니다. 우리 삶의 모든 순간이 즐겁고 아름답다는 것을 깨닫게 해주죠. 그래서 마음챙김은 균형과 웰빙을 추구하는 다양한 형태의 테라피에 적용되고 있습니다.

마음챙김을 행동으로 이어지는 의도들이 긴밀하게 연결된 3단계의 과정으로 생각해보겠습니다. 1단계는 말하기, 움직이기, 집중하기 등의 특정한 행동을 하는데 의도를 설정하는 것으로 시작합니다. 2단계는 각각의 실행안과 연결되는 의도를 자각하는 것입니다. 보고 관찰하는 것은 3단계가 됩니다. 각각의 단계를 실제로 관찰하면서 온전히 경험하도록 자신에게 기회를 줍니다. 이런 방식으로 적용을 한다면 마음챙김은 목적의식이 있는 자각을 하게 해줍니다. 목적을 가지고 살아간다는 것은 일상의 매 순간들을 온전히 경험하고 존재한다는 뜻이며, 신체적·감정적인 사건이나 작은 불행들을 덜 경험하게 된다는 것을 의미합니다.

마음챙김은 학술적 정의나 이론보다는 실습을 통해 이해하는 것이 가장 좋으나, 마음챙김이 무엇인지에 대한 여러가지 해석을 접해보는 것은 실제 적용 단계를 이해하기 위한 중요한 출발점이 될 수 있습니다. 예를 들어, 마음챙김을 태양 빛에 비춘 수정에 비유해봅시다. 각도의 변화에 따라 수정의 색이 다양하게 변화하겠죠. 이처럼 마음챙김에 대한 용어의 사용도 오랜 세대에 걸쳐 다양하게 나타나고 있습니다.

마음챙김 어휘와 용어 확장하기

마음챙김에 대해 합의된 하나의 정의는 없습니다. 많은 사람들이 이 개념을 한두 문장으로 요약해 보려고 노력했지만 알면 알수록, 경험하면 경험할수록 마음챙김의 의미는 움직이는 목표물처럼 계속 변화하고 있습니다. 이 책에서 제시하는 마음챙김 어휘와 용어를 우리가 사용하는 2차원 형태의 지도라고 가정해본다면, 이 지도는 마음챙김을 실습하는 데에 좋은 도구가 될 것입니다. 마치 당신이 새로운 목적지를 향해 갈 때, 방향 표시가 무척 중요한 것처럼 말이죠.

다음은 오랫동안 적용된 훈련 방법과 매 순간 일어나는 일에 대한 인식의 변화를 설명하는 다양한 정의를 소개하고자 합니다. 마음챙김에 대한 훈련을 계속하고 알아가다 보면, 다시 이 챕터를 들여다보고 싶을지도 모릅니다. '지도'와 '실제 지형'이 어떻게 일치하는지 확인하고 싶을 테니까요. 그리고 자신만의 단어와 표현으로 마음챙김을 정의해보셔도 좋습니다. 이런 방법은 관심이 있는 사람들에게 마음챙김을 설명하는 데 매우 도움이 됩니다.

복잡한 생각으로 혼란스러운 마음을 진정시키고, 주의를 기울이다 보면 때때로 마음챙김의 정수를 경험하게 합니다. 마음이 더 이상 미래의 걱정과 과거의 후회에 기울어지지 않을 때, 연민과 수용에 대한 마음의 여유가 생기고 오래된 행동 관습을 벗어나게 해주는 치유와 회복력을 높이는 내적 통제력이 나타납니다.

마음챙김을 스트레스 감소 적용 분야의 선구자, 존 카밧진 교수(메사추세츠 의과대학)는 마음챙김을 '지금 이 순간에 대한 열린 마음으로의 수용이다'라고 정의합니다. 명상의 대가이자 《깨어 있는 마음닦기》의 저자 조셉 골드스타인은 마음챙김을 '변화라는 사실에 마음을 열고 순간에 대해 최고 수준의 집중을 하는 자질이다'라고 정의합니다. 미국인 최초로 승려가 된 수리야 다스는 티벳 불교의 관점에서 마음챙김에 대한 고대 전통의 지혜를 미국 실용주의와 연결하여 역동적인 과정에 중점을 두고 마음챙김을 정의하고 있습니다. 그는 마음챙김의 변화는 4R: 인식(recognition), 자제(restraint), 해방(release), 재조건화(reconditioning)로부터 이루어진다고 주장합니다. 저는 자극과 반응이라는 관점으로 어떻게 다양한 상황들이 일어나는가를 생각하면서 이를 발전시켰습니다. 이를 통해 분노 관리나 음식 섭취 관리에 좋은 방법이 될 수 있습니다. 어떤 활동에 대해 마음이 함께하거나 거부하는 반응이 나타나면 그와 연결된 욕구와 혐오감의 뿌리를 파헤쳐보는 것입니다.

반면, 미얀마의 명상 대가인 사야다우 우 판디타는 마음챙김을 몸과 감각, 마음과 감정에 대한 깊은 인식이라고 설명했습니다. 더불어, 편협하지 않은 상태의 인식이라고도 했습니다. 마음챙김은 한쪽을 택하지 않고 모든 사건을 객관적으로 보기 때문입니다. 우울증, 분노, 좌절과 같은 상태들도 일시적인 현상입니다. 이 관점에서 보면 마음챙김은 부정적인 양식을 깨는 접근 방식에 있어서 수동적이지 않고 오히려 역동적이고 지속적이며 강인하게 작용합니다. 마음챙김은 매 순간 변화하는 상황에 적응력이 높고 유연하기 때문에 역동적입니다. 또한, 마음의 한 초점에 대한 집중이 변함없고 쉽게 흔들리지 않기 때문에 지속적입니다. 그리고 피하거나 마음대로 하지 않고 중립과 객관성을 지키기 때문에 강인합니다.

미국 심리학협회에서 출간된 《마음챙김의 예술과 과학(The Art and Science of Mindfulness)》의 저자인 린다 칼슨과 샤우나 샤피로는 심리학자들과 불교 수행자들의 말을 빌려 가장 깊은 차원에서 마음챙김은 자유에 대한 것이라고 말합니다. 되풀이하는 사고 양식으로부터의 자유, 반사적 반응으로부터의 자유, 궁극적으로 고통으로부터의 자유 말이죠.

잠시 마음챙김의 오래된 기원으로 돌아가 보겠습니다. 팔리어로 명확한 알아 차림이란 뜻의 sampajanna는 비영속성(영원한 것은 없다)을 이해하는 것과 관련된 마음챙김의 한 측면을 나타냅니다. 이는 매 순간 펼쳐지는 세상의 외부 현상과 내면의 본성을 깊이 들여다보는 것을 가능하게 합니다. 이 정확한 알아차림은 환상을 가로질러 비영속성의 진실에 다가가게 해줍니다.

또한, 비영속성을 관찰하는 것은 세상 모든 것이 끊임없이 변화하며 새롭다는 것을 지속적으로 관찰하는 것입니다. 이 관점에서 보면, 마음챙김은 '가본 적 있는 것 같다'를 의미하는 데자부(déjà vu) 현상과 정반대의 개념인 부자데(vujà dé), 즉 '가본 적 없다'를 의미합니다. 미래를 기대하거나 조율하려고 하지 않고 매 순간을 대본이 없는 즉흥연기를 하며 산다고 생각해보세요. 사실 우리는 세상과 맞서 싸우거나 저항하거나 혹은 애벌레가 나비로 탈바꿈하듯이 과정에 참여할 수 있습니다. 아마도 이 말은 왜 마음챙김이 미래의 결과에 초점을 둔다기보다는 순간순간의 과정을 포용하는 것이라고 묘사되는지를 설명하는 데 도움을 줄 것입니다. 하나의 좋은 예가 바로 학교 시스템입니다. 학교와 학생들은 일반적으로 학습의 경험과 과정의 즐거움보다는 성적이라는 결과 중심으로 평가됩니다.

또한, 마음챙김은 몸과 마음, 의식을 구분하거나 내적으로만 경험하는 것이 아닙니다. 관계를 어떻게 이해하고 경험하는지가 매우 중요합니다. 마음챙김은 현재와 마음 그리고 의식(중국어에서 마음챙김을 나타내는 단어인 nian, 念로 표현되는)의 정수가 혼합된 것을 통해 본성과 관계를 경험할 수 있게 해줍니다.

마음챙김 명상은 타인과 나 자신을 해치는 행동을 하지 않고 윤리적이고 깨어 있는 삶을 위한 핵심 도구입니다. 이 관점에서 보면, 마음챙김은 모든 순간에 들어가서 즐기는 방법으로 삶을 돌아보게 해줍니다.

마음챙김 명상 실습은 인지 수준을 높여주고 현재 순간에 주의를 기울이도록 해주며, 판단하지 않고 연민과 수용을 하도록 설계되어 있습니다. 매일의 명상은 마음챙김의 핵심이라고 할 수 있습니다. 실습 방법은 전통적인 위빠사나 명상, 젠 명상, 마음챙김 기반 스트레스 감소 프로그램(MBSR)이나 마음챙김 기반 인지치료(MBCT) 등과 같이 다양한 형태가 있습니다.

1.1 마음챙김 어휘 찾아보기

다음의 질문들에 대해 잠시 생각해보고 답변을 작성해보세요.

1. 의자, 테이블, 옷 등과 같이 주변에 있는 물건 중에 하나를 골라보세요. 그리고 자신에게 물어보십시오. 이 형태는 영구적인가? 항상 이 형태였을까? 이렇게 만들어지기 전에는 어떤 모습이었을까? (예를 들어, 자동차를 구성하고 있는 틀과 플라스틱 부품들은 원래 철광석과 석유 제품이었습니다.)

2. 물건 구매 후 그 외양이 변한 것을 2가지 이상 적어보세요. (외적인 영향, 시간이 흘러서, 날씨 등의 이유.)

3. 물건들을 이와 같은 방식으로 살펴보니 어떤가요? 물건들이 계속 변하고 있다는 것을 관찰하는 소감이 어떠한가요?

4. 누군가를 만나서 대화를 나누기 전에 '대본'을 미리 만들어본 적이 있나요? 다음 번에 만날 때는 의식적인 노력을 기울여서 대화 전 대본을 만들지 않고 내 자신을 즉흥적으로 매 순간의 상황에 맡겨보세요! 이제 다음 질문에 답해보세요. 결과에 대한 기대 없이 그 순간을 맞닥뜨린 것은 어떤 느낌이었나요?

5. 즐겨서 하는 취미나 활동을 생각해보세요. 그 활동의 과정을 즐기나요, 아니면 결과를 중
요하게 생각하나요? 또는 과정과 결과 모두 중요한가요?

6. 일상에서 나에게 더 불안감을 주는 것은 어떤 것인가요? 과정이 중요할 때인가요? 결과가
더 중요할 때인가요?

마음챙김의 간략한 역사

마음챙김은 그 뿌리가 불교에서 시작되었지만 종교적 실천과 전통을 의미하는 것은 아닙니다. 마음챙김은 20세기 말 서구의 정신건강분야에서 나타난 주요 흐름으로 마음의 평화를 다루기 위해 적용된 훈련입니다.

수천 년간의 전통적 불교에서 마음챙김은 자유와 깨달음을 가져다주는 불교 팔지성도(八支聖道)의 7번째 요소로 인식되어 왔습니다. 마음챙김 명상은 지혜를 키우는 해석 방식으로 부처님이 가르침을 주셨던 것입니다. 또한 마음챙김은 순간에 대해 마음이 경험하는 것과 관련한 인지를 통해 행복을 저해하는 생각들이나 부정적인 행동양식에 대한 집착을 내려놓게 합니다.

이러한 형태의 명상은 1970년대 초반부터 몸과 마음의 건강 문제를 다루기 위한 효과적인 방법 중의 하나로 자리잡기 시작했습니다. 하버드 대학의 엘렌 랭거 교수와 연구진들은 초기에는 노화에 초점을 맞춰 마음챙김을 연구했습니다. 노인이 자신의 삶을 조율해 나가는 데 있어서 마음챙김 훈련이 어떤 영향을 미치는가에 대한 연구 결과, 마음챙김은 참가자들의 스트레스 감소는 물론 전반적인 건강 향상에 기여한 것으로 나타났습니다.

마음챙김은 만성질환부터 정신건강 클리닉까지 널리 활용되는 방법입니다. 아래의 다양한 마음챙김 적용 목록을 보면, 인지를 확장하고 변화를 촉진하는 데 있어서 마음챙김이 얼마나 적용성이 좋은지 알 수 있습니다.

• 마음챙김 기반 스트레스 감소 프로그램(MBSR: Mindfulness-Based Stress Reduction)
마음챙김 기반의 스트레스 감소 프로그램인 MBSR은 1979년 메사추세츠 대학 의학센터의 존 카밧진 교수와 연구진들에 의해 개발된 치료법입니다. 불안장애 또는 통증을 가진 환자들이 8주간의 MBSR 그룹 프로그램을 통해 몸 상태가 현저히 좋아진 것으로 나타났습니다. 이 프로그램에 활용된 마음챙김 기법은 앉아서 하는 명상, 걸으면서 하는 명상, 바디 스캔 그리고 요가였습니다. MBSR은 추후에 마음챙김을 기반으로 하는 많은 치료법들에 영향을 주었습니다.

- 변증법적 행동치료(DBT: Dialectical Behavior Therapy)

1900년대 초반 마샤 린한에 의해 개발된 변증법적 행동치료(DBT)는 경계선 성격장애의 치료 양식이 되었습니다.

- 마음챙김 기반 식이자각 훈련(MB-EAT: Mindfulness-Based Eating Awareness Training)

마음챙김 기반 식이자각 훈련(MB-EAT)은 진 크리스텔러에 의해 개발되었으며, 폭식 식이장애 또는 비만인 사람들을 치료하는 데 활용되었습니다. 또한, 제가 개발한 의식적인 식이 프로그램 (Eat, Savor, Satisfy Program)도 있습니다.

- 마음챙김 기반 부부관계 향상 프로그램(Mindfulness-Based Relationship Enhancement)

J.W. 칼슨과 연구진들에 의해 개발된 마음챙김 기반의 부부 관계 향상 프로그램으로 연인, 부부 간의 관계 향상을 위해 만들어졌습니다.

- 마음챙김 기반 미술치료(Mindfulness-Based Art Therapy)

마음챙김 기반의 미술 치료는 유방암 환자들을 위한 감정 표현과 표출을 위해 활용되었습니다.

- 마음챙김 기반 재발 방지 프로그램(Mindfulness-Based Relapse Prevention)

약물 중독의 재발을 막기 위한 마음챙김 기반의 재발 방지 프로그램으로 G.A. 말렛과 J.R. 고든에 의해 개발되었습니다.

- 마음챙김 기반 재발 방지 프로그램(MBCT: Mindfulness-Based Cognitive Therapy)

마음챙김 기반의 인지 치료(MBCT)는 인지 치료사인 진델 세갈, 마크 윌리엄스, 존 티스데일에 의해 개발된 우울증 치료 재발 방지 요법으로 사용되는 8주 훈련 프로그램입니다. 카밧-진 박사 의 MBSR 프로그램이 만들어지고 수십 년 후에 개발되었고, 대부분 같은 마음챙김 활동을 활용 하고 있습니다. 우울증 환자들이 자신의 기분이나 생각은 영원한 것이 아니고 일시적인 것이며, 현실 또는 진리도 아니라는 것을 깨닫게 해주는 데 매우 효과적이라는 것이 밝혀졌습니다.

• 수용 전념 치료(ACT: Acceptance and Commitment Therapy)

스티븐 헤이즈와 연구진이 개발한 수용전념치료(ACT)는 상대적으로 새로운 접근이었기 때문에 2006년부터 금연, 우울증 및 불안, 당뇨관리 및 중독을 포함한 다양한 변수들을 가지고 30개 이상의 연구 문헌에서 검토되었습니다. 이 방법은 감정이나 생각을 바꾸려고 하지 않고 대신 수용과 가치, 마음챙김과 전념을 실행에 옮기도록 강조하면서 인지 치료 부문의 전통을 확장하였습니다.

《마음챙김의 예술과 과학(The Art and Science of Mindfulness)》의 저자인 사피로와 칼슨은 마음챙김 부문의 연구가 얼마나 빠르고 광범위하게 확장되고 있는지 설명하기 위해 미국국립보건원(NIH)에서 기금을 받은 마음챙김 기반의 연구를 모두 조사하였습니다. 1998년에는 진행된 연구가 하나도 없었던 반면 2008년까지 44개의 연구가 지원을 받은 것으로 밝혀졌습니다. 마음챙김 기술은 천식과 만성통증부터 면역 시스템의 기능에 이르기까지 다양한 영역에서 건강 문제를 다루는 목적으로 연구되어 왔습니다. 또한 우울증, 불안, 식이 장애, 불면증, 외상 후 스트레스 등과 같은 정신 건강과 다양한 인격 장애를 다루는 데에도 활용되었습니다.

스트레스 해독제

스트레스는 21세기에 등장한 질병이라고 말합니다. 스트레스는 전 세계 수많은 사람들의 감정은 물론 위장 장애, 불면증, 고혈압, 불안감, 우울증과 같은 신체 증상을 일으킵니다. 이런 사실을 염두에 두고 다음을 살펴보십시오.

> 1) 스트레스는 판단과 의사결정 능력을 손상시킵니다.
> 2) 스트레스는 우울증, 불안감, 중독과 인격 장애 상태를 악화시킵니다.
> 3) 스트레스는 면역 시스템을 약화시키고, 고혈압에서 신경퇴화에 이르기까지 광범위한 건강 문제를 일으킵니다.

4) 스트레스는 관계를 망치고 삶에 대한 인식을 왜곡합니다.

5) 미국에서 조제되는 10개의 가장 흔한 약물 중에 8개는 스트레스와 관련된 장애를 치료하기 위해 지어집니다.

스트레스와 스트레스에 대한 자각은 세포 단위에도 영향을 미쳐 노화 과정을 가속화시킵니다. 노벨상 수상자인 세포 생물학자 엘리자베스 블랙번과 심리학자 엘리사 에이펠은 만성질환을 가진 아이들을 가진 엄마들을 대상으로 연구를 진행했습니다. 그 결과, 아픈 자녀를 돌봄으로 인한 스트레스로, DNA의 끝부분에 위치하여 세포를 하나로 잡아주는 말단소립(텔로미어)이 짧아져, 노화에 영향을 미치는 것으로 나타났습니다. 그리고, 긍정적인 태도를 유지해서 아픈 자녀 양육의 스트레스로부터 심리적 분리를 잘 해낸 엄마일수록 건강을 유지하는 것으로 나타났습니다.

스트레스 상황에서 이에 대한 반응으로 우리의 몸에는 시상 하부, 뇌하수체, 부신 호르몬이 분비됩니다. 노르에피네프린과 코르티졸, 아드레날린이 우리의 몸과 뇌 전체에 분비되면서 심장 박동 수가 늘어나거나 혈압이 올라가고, 위나 장에 탈을 일으키기도 합니다. 코르티졸이 뇌에 며칠간 머무르게 되면, 새로운 기억을 하도록 돕는 해마 안의 뉴런을 죽이게 됩니다. 코르티졸은 새로운 학습을 방해하는 것을 물론, 기억을 회상하는 것을 어렵게 만든다고 알려져 있습니다.

리차드 오코너는 《Undoing Perpetual Stress》라는 책에서 '마음챙김은 스트레스의 악순환을 막도록 돕는 필수적인 핵심 기술이다'라고 밝혔습니다. 이 책을 통해 리차드는 '우리의 신경 시스템은 21세기의 스트레스를 위해 만들어진 것이 아닙니다. 그리고, 우리의 뇌와 신경계는 스트레스의 위협에 취약합니다. 그래서 우리는 어떻게 살아야 하는지에 대한 의식적인 선택을 함으로서 이를 이겨낼 수 있는 힘을 가져야 합니다'라고 강조하고 있습니다.

오코너가 스트레스에 대한 자연적인 해독제는 마음챙김이라고 말한 것처럼 우리는 우리의 뇌를 새롭게 설정할 수 있습니다. 또한, 마음챙김은 우리가 세상을 보고 느끼고 생각하는 방식에 대한 커다란 변화를 만들어낼 뇌 안의 혁명입니다.

1.2 스트레스 돌아보기

다음의 질문들에 대해 잠시 생각해 보고 답변을 작성해보세요.

---

1. 삶에서 나에게 스트레스를 주는 요인들은 무엇인가요? 어떤 요인이 가벼운 정도의 스트레스를 주나요? 중간 정도의 스트레스 요인과 극도의 스트레스를 주는 요인은 무엇인가요?

2. 과거의 나는 스트레스에 어떻게 반응했나요? 내가 사용했던 극복 방법의 한계는 무엇이었나요? 신체적, 감정적인 측면에서 그러한 전략들이 내 삶의 질과 관계들에 어떤 영향을 미쳤나요?

3. 나에게 닥친 문제들과 스트레스 요인들을 다루는 데 있어 마음챙김적인 접근 방식은 어떠한 도움을 줄까요? 매일의 삶에 장기적인 마음챙김 전략들을 적용해간다면 어떤 모습이 될까요?

뇌를 재설정해주는 마음챙김

마음챙김이 희망적인 것은 뇌가 어떻게 변화하는지에 대한 새로운 연구 결과와 일치하기 때문입니다. 뇌는 적응력이 매우 높아서 이전엔 가능하다고 생각되지 않았던 방식으로 새로운 신경계 네트워크를 만들어낼 수 있습니다. 이러한 생각을 더 잘 설명하기 위해 뇌에 대한 6가지 근거 없는 믿음과 뇌의 마음챙김적 관점 6가지를 모아봤습니다.

근거 없는 믿음 1: 뉴런은 우리 몸 안의 다른 세포처럼 나눠질 수 없다. 그러므로, 우리가 가지고 태어난 뇌 세포도 변할 수 없다. 뇌 세포가 죽으면, 다시 재생되지 않는다.

마음챙김적 관점: 실제로, 성인들의 뇌는 신경줄기세포를 통해 모든 연령에서 세포를 증가시킬 수 있습니다. 최대 80세까지도 가능합니다. 이 세포들은 새로운 학습이 일어날 때 새로운 세포들을 만들어냅니다. 예를 들어, 이 책을 읽으면서 새로운 것을 배운다면 당신의 뇌는 최대 6,000개의 뉴런을 만들어낼 수 있습니다.

근거 없는 믿음 2: 뇌는 외부 사건 또는 활동 경험을 통해서만 오로지 형성된다. 예를 들어, 기량이 뛰어난 바이올리니스트는 실제로 뇌의 운동피질을 변화시킨다. 손가락과 손이 실제로 움직이는 것을 통해 뇌와 실질적으로 연계된 부분이 확장되는 것이다. 마음이나 생각을 하는 것 자체로 뇌는 변화하지 못한다.

마음챙김적 관점: 내적인 마음 활동만으로도 뇌의 변화를 일으킬 수 있습니다. 강박신경증(OCD) 전문가 제프리 슈월츠의 책 《사로잡힌 뇌 강박에 빠진 사람들(Brain Lock)》에서도 이에 대해 자세히 다루고 있습니다. 의도와 의지를 가지고 하는 생각은 뇌 안의 실질적인 배선과 경로를 바꿀 수 있다고 밝혀졌습니다. 피아노를 연주하는 것을 단순히 생각하는 것과 이미지를 연상하는 것으로 뇌의 운동피질에 주목할 만한 변화가 일어난다는 것입니다. 이와 같은 근거로 인지 및 마음챙김에 기반한 치료의 효과성이 밝혀지고 있습니다. 책에서는 뇌의 네트워크를 재설정하고 강박 행동을 줄이는 것을 돕는 4가지 마음챙김 방식을 소개하고 있습니다.

근거 없는 믿음 3: 뇌의 구조는 정해져 있다. 시각 피질은 시신경으로부터 오는 신호만 처리할 수 있다. 또한, 감각 피질은 5개 감각만 처리할 수 있다.

　　마음챙김적 관점: 뇌 구조는 정해져 있지 않습니다. 뉴런의 경로가 어떤 특정 목적으로 사용되지 않은 상태라면, 어떠한 정보도 처리할 수 있는 능력이 있습니다. 맹인의 시각 피질은 그 사람이 듣거나 만지는 정보를 처리하도록 도울 수 있습니다. 연구 결과에 따르면, 시각 피질은 복잡한 인지 기능인 언어도 처리할 수 있다고 합니다. 이것이 의미하는 바는, 초기의 뇌가 정보를 처리하는 방식이 권장된 것이지 고정된 것은 아니라는 것입니다.

근거 없는 믿음 4: 어떤 것에 주의를 기울인다는 것이 실제 뇌에 영향을 미치지 않는다. 예를 들어, 주의를 기울이는 것과는 상관없이 만약 손의 특정 부분을 지속적으로 자극한다면 그 감각을 처리하는 뇌의 뉴런 영역이 활성화되고 강화된다.

　　마음챙김적 관점: 주의를 기울이는 것은 뉴런 활동을 증가시킵니다. 말 그대로 주의를 기울이게 되면 뇌의 형태가 실질적으로 바뀝니다. 만약 어떤 사람이 음악을 들으면서 동시에 손을 쓰다듬으면, 뇌의 변화는 이들 중 주의를 기울이는 부분에만 생깁니다. 이는 매 순간 당신이 무엇에 주의를 기울이겠다는 선택이 당신이 어떤 사람인지 만들어진다는 것을 의미하기도 합니다.

근거 없는 믿음 5: 뇌는 여러 가지 일들을 동시에 처리할 수 있다.

　　마음챙김적 관점: 운전하면서 핸드폰 통화를 하는 것과 같이 뇌가 한 번에 두 가지 일을 할 수 있다고 느끼지만, 사실 뇌는 한 가지 일을 할 때 그 외의 일은 잠시 기능을 멈춥니다. 정보의 병목현상 또는 '이중과제 간섭'이라고도 불리는 이 현상은 뇌의 기능을 늦추는 결과를 낳습니다. 그래서 시각적 자극이 나타나자마자 버튼을 누르는 단순한 일조차도 지연이 나타날 수 있습니다. 뇌에 관한 새로운 연구에 따르면, 운전하는 동안 사람들은 대화에 충분히 집중

할 수 없다고 합니다. 그래서, 스탠포드 대학의 커뮤니케이션학과 교수이자 뇌 연구가인 클리포드 나스는 "한번에 여러가지 일을 하는 사람들은 사실 멀티태스킹에 엉망입니다"라고 말합니다.

근거 없는 믿음 6: 뇌는 정서적인 설정값이 있거나 또는 일시적으로 변하는 정서적인 탄력이 있지만, 결국 정상(normal) 설정값으로 되돌아온다. 그래서, 어느 정도 또는 많은 시간 동안 행복하지 않거나 불만족 상태가 되는 것이 '정상'적인 것이다. 기쁨, 행복, 연민의 상태가 장기적으로 유지되는 것은 불가능하며 실제가 아니다.

마음챙김적 관점: 뇌의 정서적인 설정값은 고정되어 있지 않으며 장기적으로 봤을 때 '재설정'이 가능합니다. 평화, 고요함, 낙관주의, 행복과 같이 느낌과 관련된 특정한 뇌의 상태는 측정이 가능하며, 명상과 마음챙김 활동은 집중, 지혜, 인내, 낙관주의, 연민과 연관된 뇌의 영역을 활성화시킵니다.

마음챙김과 긍정심리학의 공통분모

마음챙김은 사람들이 자신의 감정을 조절하고 자신을 더 행복하게 만드는 것에 집중하도록 돕습니다. 이는 긍정심리학 연구분야의 이론과 적용과도 공통되는 접근입니다.

미국 심리학협회장을 역임했던 마틴 셀리그만과 연구진들은 "긍정적으로 생각하는 것은 어떻게 사람들을 정신적으로 건강하게 만들어주는가?"라는 질문을 던지기 시작했습니다. 사람이 어떤 생각과 느낌을 경험할 때, 뇌 안에서 어떤 일이 일어나는지 측정할 수 있는 새로운 기술이 발전되면서, 행복과 마음가짐에 대한 개념 그리고 행복을 만드는 연습들을 실제 뇌 활동과 연관 지어 연구하는 것이 가능해졌습니다.

10년도 되지 않아 2개의 학술지(The Journal of Positive Psychology, The Journal of

Happiness Studies)가 발간되면서 행복 연구 분야의 급성장이 일어났습니다. 또한 일리노이 대학 심리학과 에드 디너 교수가 만든 국제긍정심리학회도 시작되었습니다.

　　　　캘리포니아 리버사이드 대학의 심리학과 교수인 소냐 류보머스키의 저서 《행복도 연습이 필요하다(The How of Happiness)》를 보면, 긍정적인 행동이 행복에 미치는 결과에 대한 연구들을 볼 수 있습니다. 이 책에는 행복 수준을 실질적으로 높이는 12가지의 전략들이 나와 있습니다. 연구에 따르면 감사하기와 용서하기 활동이 연구 참여자들에게 가장 효과적인 전략으로 나타났습니다. 감사하기와 용서하기는 마음챙김에서 활용되는 '자애 명상'의 핵심 요소입니다. 또한, 에드 디너와 로버트 비스워스 디너는 《모나리자 미소의 법칙(Happiness: Unlocking the Mysteries of Psychological Wealth)》에서, 사람들이 누군가를 얼마나 사랑하는지에 집중하여 그들을 위해 친절한 행동을 하게 되면 긍정적인 영향을 미친다고 밝히고 있습니다. 나아가 긍정 대화, 감사, 친절을 실천하면 행복수준이 높아지고, 관계가 좋아지며, 심리적 자산이 풍성해질 수 있습니다.

누가 마음챙김을 활용할 수 있는가?

이 책의 내용은 마음챙김을 삶의 여러 다양한 상황과 환경에서 적용하는데 필요한 자원과 실질적인 활동들을 제시해줍니다. 아래와 같은 분들에게 특히 유용합니다.

1) 이혼, 죽음과 비통, 경제적인 위기 또는 고용상태 변화 등 삶의 상실이나 어려운 전환시기에 있는 사람
2) 두려움, 불안감 또는 공황과 같은 감정적인 어려움을 극복하고자 하는 사람
3) 우울증, 외상 후 스트레스 장애(PTSD)를 겪는 사람들은 마음챙김 연습을 통해 증상이 경감되는 경험을 할 수 있습니다.
4) 마음챙김을 일상적인 치료도구로 활용하는 헬스케어 전문가, 정신과 의사, 테라피스트, 간호사, 상담사, 사회복지사들은 직접 본인의 체험을 기반으로 설명하기 위해서 매일 훈련할 수 있습니다.

5) 비즈니스 전문가들도 창의성을 발달시키고 더 원만한 대인관계를 만들며 직장 내 스트레스와 피로를 피할 수 있습니다.

6) 융통성 없는 직장에 답답한 사람, 엄격한 학교 환경에 갇힌 선생님이나 학생, 또는 비전이 느껴지지 않는 일자리에서 힘들어하는 사람들에게 도움이 됩니다.

7) 가정에서도 마음챙김 실습을 통해 육아는 물론 배우자와의 관계, 대가족 사이의 관계개선에도 도움을 줍니다.

1.3 미래 내다보기

다음의 질문들에 대해 잠시 생각해보고 답변을 작성해보세요.

1. 내가 느낀 마음챙김의 매력은 무엇인가요?

2. 마음챙김을 적용해볼 수 있는 내 삶의 문제 또는 도전상황들은 무엇이 있을까요?

3. 마음챙김을 온전히 실행하는 데 있어서의 내적, 외적인 걸림돌은 무엇이 있을까요?

4. '마음챙김적 관점'에서의 뇌를 읽고 나서 나 자신에 대해 배운 것은 무엇이었나요? 어떤 느낌이 들었나요?

Week 2
마음챙김의 기초

Week 2
마음챙김의 기초

우리는 삶에서 일어나는 중독과 집중을 방해하는 요소들을 매일 가까이에서 볼 수 있습니다. 이런 중독성은 강박적인 음식섭취, 쇼핑과 게임, 섹스 중독, 약물 중독 등에서 쉽게 찾아볼 수 있습니다. 일에 대한 성과를 빠르고 정확하게 내야 하는 압박감과 맞물려 우리의 몸은 불안과 스트레스로 인한 신체적 · 정신적 질환을 겪고 있습니다.

시간에 대한 빠른 속도와 요구들이 기술적인 융합을 낳았고 이로 인해 인간이 가지는 핵심적인 주의 자각 능력이 약화되었습니다. 이로 인하여 많은 사람들이 자동조종장치처럼 되거나 강박 또는 중독 행동을 보인다거나, 멀티태스킹을 시도함으로써 탈출 방법을 찾으려고 합니다. 우리는 여러 방법 중 멀티태스킹을 선택한 쪽을 살펴보면서 멀티태스킹이 뇌에 어떤 영향을 미치는지 알아보도록 하겠습니다.

2009년 스탠포드 대학 3명의 연구원들은 다음의 명제가 맞는가에 대한 실험을 했습니다. 그 명제는 공부를 하거나 텔레비전을 보는 동안 이메일을 보내거나 문자를 보내는 것과 같은 고차원의 멀티태스킹이 효과적으로 이루어질 수 있느냐에 대한 것이었습니다. 100명의 학생이 연속적으로 진행된 3가지 실험에 참여했습니다. 연구원들은 우선 높은 수준의 매체 멀티태스킹을 하는 사람들(HMM, heavy media multitaskers)과 낮은 수준의 매체 멀티태스킹을 하는 사람들(LMM, light media multitaskers)을 구분하는 설문지를 만들었습니다. 이 연구에 따르면, 한 사람이 동시에 이용하는 매체의 평균 개수를 매체 이용의 기준점으로 설정하였습니다. HMM그룹은 매체 이용의 평균보다 높은 표준편차였고, LMM그룹은 낮은 표준편차였습니다. HMM그룹은 주의와 집중을 분산하는데 정신적 에너지를 많이 사용하는 것으로 밝혀졌습니다.

만성 HMM은 정보를 마음 속에 구분해서 저장하지 못하는 것으로 밝혀졌습니다. 만성 HMM은 관련 없는 정보를 구분해내거나 기억을 효과적으로 정리하지 못했습니다. 실시된 모든 3가지 실험에서 HMM은 LMM에 비해서 낮은 성취도를 보였습니다. 연구논문에서 앤토니 와그너 부교수는 "외부의 다양한 출처로부터 정보가 발생하거나 기억이 떠오를 때, HMM은 현재의 목표와 관련 없는 것이 무엇인지 분별해내지 못했고, 이는 관계 없는 정보에 대해서 처리 속도가 느려진다는 것을 의미한다"라고 말했습니다.

멀티태스킹을 해야한다는 집착, 그리고 핵심 자각 능력에 대한 감각기관과 매체의 집중적인 공세가 대인관계를 담당하는 두뇌의 신경조직망에도 문제를 일으킨다는 것이 제 주장입니다. 시간을 줄이고 속도를 높이기 위해서 개인적인 연락이나 대인관계에 필요한 진실된 대화가 줄어듭니다. 직접 만나는 시간을 문자나 이메일로 대신하기 때문에, 의미있는 대화는 점점 줄어들고 오해의 가능성은 늘어나게 됩니다.

기초적인 마음챙김은 몰입도의 향상과 집중력을 높여주고, 질적으로 더 높은 관계 형성을 도와주며, 우리 인생의 하루하루를 작은 것에도 감사하도록 느끼도록 하여 삶의 경험을 더욱 의미 있게 합니다. 20세기 영성 지도자로 널리 알려진 크리슈나무르티는 마음챙김의 중요성을 다음과 같이 묘사하고 있습니다. "진실은 결코 메마르지 않습니다. 왜냐하면 진실은 모든 생각의 순간순간에서, 모든 관계에서, 모든 말에서, 모든 행동에서, 미소에서, 눈물에서 찾을 수 있기 때문입니다."

현재에 의도적으로 주목하는 내적인 센터링

삶의 질과 역동적인 인식을 활성화하는 마음챙김의 4가지 특징을 설명하는 용어를 만들어보았습니다. 그 용어는 바로 I-CAN(Intentionally Centering Attention Now)입니다. 이는 마음의 특정 작용 과정을 이해하고 삶의 매순간을 충분히 경험하고 기쁨을 느낄 수 있도록 돕습니다. 이 책을 참고해서 마음챙김을 꾸준히 연습하고 깊이 탐구하다 보면, 이번 장의 내용이 실제 경험을 해석하는 데 도움을 줄 것입니다.

각각의 요소들을 설명하기 전에, 의식을 빛이라는 은유를 사용해서 생각해봅시다. 이 빛은 밖을 환하게 비추고 있고 그 빛을 다시 반사하고 있는 대상과 접촉해 있습니다. 기본적인 인식은 바로 이 빛과 같습니다. 또한 보고, 듣고, 맛보고, 만져보고, 냄새 맡는 감각을 통해 현재 순간에 존재하는 다양한 대상들을 만나게 됩니다. 마음은 몸과 감각을 통해 대상을 느끼듯이 그 대상을 직접적으로 느끼기도 합니다. 이 과정은 아래의 그림과 같이 설명할 수 있습니다.

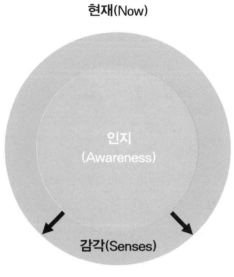

현재(Now)

인지
(Awareness)

감각(Senses)

감각대상
(Sense Objects)

2.1 현재에 주목하기

다음의 1분 명상을 따라 해보세요

---

1. 1분 동안 이 글을 읽고 있는 공간과 주변 환경을 둘러보세요. 구체적인 지시 없이 그저 시각의 문을 활짝 열고 보시면 됩니다. 특정 물건이나 색깔에 대해 어떤 생각이나 느낌이 있어도 좋습니다. 어떤 것도 막으려고 애쓰지 마세요.

(60초간 해보세요.)

2. 주변을 돌아볼 때, 특정 물건이나 색깔에 대해서 기분이 좋았거나, 혹은 불편했던 생각이나 느낌이 있었나요?

3. 어떠한 소리, 기억, 생각, 느낌 때문에 방해 받은 순간이 있었나요?
(방해 받은 순간의 기억을 살펴보세요.)

식별력 없는 의식 상태라고 말할 수 있는 훈련되지 않은 마음은 인지수준이 낮고 어떠한 경험과 마주하는 선택의 폭이 제한된 상태로 주변 환경에 반응합니다. 무차별적인 인지로 간주되기도 하는 훈련되지 않은 마음은 감각대상을 마주했을 때 좁은 관점으로 인지하고, 그 대상을 경험하고 대응하는 선택의 범위도 제한적인 상태로 작동합니다.

예를 들어, 초콜릿을 보게 되면 예전의 상황들이 기억을 떠올리도록 자극할 것입니다. 의사 선생님이 단 음식의 섭취를 줄이라고 말했지만 마음 속에서는 그 초콜릿을 먹으라고 말하고 있을지 모릅니다. 즐거움에 대한 강력한 내적 욕구가 그 대상을 손에 쥐고 먹도록 자극합니다. 길들여지지 않은 마음은 이런 다양한 인식의 순간에서 객관적이고 보다 중립적인 관찰과 관리를 잘 하지 못합니다. 결과적으로, 이러한 감각 대상에 휘둘리게 되는 것이죠. 다이어트나 어떤 종류의 중독이든 경험해본 사람이라면 이 말이 이해될 것입니다.

다행히 I-CAN(Intentionally Centering Attention Now)은 감각을 통해 세상을 경험하는 방식에 있어서 매우 다른 관점을 제시합니다. 앞에서 사용했던 빛이라는 은유를 통해 다시 이야기해보겠습니다. 대상을 기본적으로 인식하는 빛 안에 또다른 내적인 빛이 있다고 가정해봅시다. 이 내적인 빛은 기본적인 인식 자체를 비춰서 마음의 작용을 명확하게 볼 수 있도록 해줍니다. 이처럼 내적인 빛은 우리가 대상에 어떻게 다가가고 피하려 하는지를 모두 알아차립니다. 감정과 느낌뿐만 아니라 의심하는 마음과 갈등하는 생각들도 알아차립니다.

이 내적인 빛은 인식의 사용을 목적성 있게 결정하는 의도적인 요소들도 가지고 있습니다. 그리고 원하는 곳에 선택적으로 의식을 집중하게 하는 역할도 합니다. 또한 비추고 싶지 않은 생각의 습관이나 부정적인 믿음과 인식, 대상을 바라보는 시간도 알아차립니다.

생각은 미묘해서 그 근원과 조건화된 행동의 원인이 항상 명백하지는 않습니다. 라마 수르야 다스는 "당신은 '문제의 촉발자(button pusher)'를 알고 있습니다. 그리고 '거기에 또 문제가 발생하겠다'는 것을 인지하고 있습니다"라고 말합니다. 앞의 그림에서도 나타나 있듯이, 내적인 인지는 이전에 알아차리지 못한 판단과 조건화된 인지 과정을 비춥니다. 따라서 마음챙김은 현재를 판단 없이 중립적인 방식으로 다가갈 수 있게 하는 잠재성을 가지고 있습니다.

2.2 아무런 판단 없이 현재에 주목하기

다음의 1분 명상을 따라 해보세요.

---

1. 다시 한 번, 시야를 넓혀 주변을 관찰해보세요. 이번 활동의 다른 점은 어떤 것도 1~2초 이상 응시하지 않는다는 것입니다. 주위를 훑어보듯이 바라보되 전체적인 것을 보려 하기보단 마치 그 물체를 처음 보는 것처럼 세밀하고 세세한 부분, 색깔, 모양 등에 주목해보세요.

2. 눈을 계속 움직이면서 마음이 그 물건에 어떤 구분이나 이름을 붙일 시간적인 여유를 주지 마세요. 그러면서 중립적이고 아무런 판단 없이 나 자신이 그 모양과 색깔을 받아들이도록 해보세요. 예를 들어, 파란색 또는 빨간색은 본질적으로 좋거나 나쁜 것이 아니라 그저 그 색깔일 뿐입니다.

3. 만약 여러분의 마음이 어떠한 평을 하려고 한다면, 그 생각을 흘려 보내고 다시 훑어보기에 집중하세요.

(60초간 해보세요.)

4. 아무런 판단 없이 현재에 주목하기를 돌아보겠습니다.
'일반적인' 주목하기와 이번 활동은 어떻게 달랐나요?

5. 온전히 시각에만 집중하여 주변을 바라볼 때, 당신의 생각은 어디에 있었나요?

중립적이고 판단하지 않는 접근 방식은 기억, 자각, 조건 등의 다양한 추정된 정보를 제거하고 대상 자체를 명확하게 보는 것을 가능하게 만듭니다. 더 나아가, 내적인 빛은 감정 상태에 계속해서 초점을 두기 때문에, 감정이 균형을 잃거나 수렁에 빠졌을 때 기쁨과 평화를 위치시켜 중심을 잡고 균형 잡힌 인지를 하도록 도와줍니다. 결국, 내적인 빛이 지속적으로 인지수준을 검토하기 때문에, 과거나 미래에 사로잡히지 않고 지금 이 순간 현재에서 일어나는 것을 느낄 수 있는 마음의 유연성을 줍니다.

이 마음속의 내적인 빛을 판단하지 않는 알아차림과 열린 마음을 향상시키는 내부 시각 인지(innersight awareness)라고 생각해봅시다. 내적인 빛의 내부 시각은 앞의 그림에서 핵심에 있는 진주를 나타냅니다. 내적 시각은 의도를 만들고 중심을 잡아줄 뿐만 아니라 기본적인 인지수준을 선택적이고 높은 수준의 집중을 할 수 있도록 합니다.

이제 마음챙김 인지의 4가지 요소 I-CAN(Intentionally Centering Attention Now)을 살펴봅시다. 그 첫 번째는 의도(Intention)입니다. 저는 의도란, 노력의 엔진이라고 생각합니다. 내 삶을 어떤 것들로 채울 것인지 결정하는 것이 바로 의도이기 때문입니다. 즉, 나에게 중요한 가치, 목적, 비전을 따르도록 하는 것이 의도입니다. 의도는 오래된 습관과 중독을 끊게 하는 강력하고 주요한 변화를 돕는 역할을 합니다.

I-CAN의 두 번째 요소인 센터링(Centering)은 스트레스에 반응하는 것을 돕습니다. 센터링은 내적·외적 스트레스에 대해서 수용과 열린 태도를 가지고 반응하도록 해줍니다. 또한, 삶에 있어서 매일의 감정과 내면과의 대화 경험에 대해 더 여유 있고 판단하지 않는 태도를 독려해줍니다. 이러한 방식을 통해 더 큰 몰입과 평정, 희망을 발전시켜 나갈 수 있습니다. 물론, 센터링이 어려운 상황을 일어나지 않게 해주진 않지만 삶을 있는 그대로 받아들이게 하는 수용력을 키워줍니다.

세 번째 요소인 주의집중(Attention)은 집중과 관련된 타고난 마음능력을 개발하는 것과 관련되어 있습니다. 높은 수준의 주의집중 없이는 어떤 것을 깊이 관찰하고 집중하는 데 필요한 수준을 유지하기 어렵기 때문입니다. 어떤 것을 마주했을 때, 강하고 확고한 관찰력으로 직면하는 것이 가능했었나요? 방해나 유혹을 받거나 혐오감을 느끼거나 혼란스러움 없이 호기심과 열린 마음으로 볼 수 있었나요? 주의집중이야말로 필요한 자원을 찾고 대부분의 일을 끝마칠 수 있도록 하는 기초적이고도 가치 있는 삶의 기술이라는 것을 기억해야 합니다. 또한, 주의집중은 지혜를 구하고 삶을 돌아보고 심사숙고 하는 데 있어 필수적인 요소입니다. 주의집중 능력을 기르면 기를수록 당신의 내부 시각 인지와 주의를 어지럽히는 외부 정보들 사이에 완충공간이 더 넓어질 수 있습니다.

마음챙김 인지의 마지막 요소는 현재(Now)입니다. 현재는 삶의 참여를 나타냅니다. 깨어 있고 살아 있다는 느낌을 주죠. 우리는 오직 현재에서만 매 순간 펼쳐지는 생각과 행동에 대해 완전히 유연할 수 있습니다. 이를 통해 현재에 머무는 것을 방해하는 건강하지 않은 습관과 갈망이 이끄는 힘에서 벗어날 수 있습니다. 의도(Intention), 센터링(Centering), 주의집중(Attention), 현재에 존재하기(Now)라는 마음챙김의 속성을 촉진하는 것에 몰입하면 내부 시각 인지라는 렌즈를 통해 새로운 관점이 생기는 것을 더 많이 경험하게 될 수 있습니다.

기초적인 마음챙김 주요 실습

마음챙김 호흡

수동적인 또는 보통의 호흡과는 달리 적극적인 호흡에는 들숨과 날숨에 대한 의식적인 조절이 수반됩니다. 적극적인 횡격막 호흡이란, 코 또는 입을 통해 폐로 들어가는 공기를 숨의 깊이, 폐에 머무는 시간, 공기를 내보내는 속도를 통해 조절하는 것입니다. 이는 숨쉬는 것에 대한 온전한 인지를 의미합니다. 예를 들어, 짧은 숨을 쉴 때는 짧은 숨을 쉰다는 것을 알고, 긴 숨을 쉴 때는 긴 숨을 쉰다는 것을 아는 것입니다. 보통 사람은 매일 평균적으로 약18,000~20,000회의 숨을 쉰다고 합니다. 이 중에 조금이라도 온전한 인지를 하면서 숨을 쉬어 본다면 개인의 감정적, 신체적 웰빙에 큰 변화를 줄 것입니다.

바디 스캔

매 순간 몸의 여러 부분에서 일어나는 감각에 집중해서 어떠한 판단 없이 중립적인 인지를 개발하도록 돕는 방법입니다. 이 책에서 차후 더 자세히 설명하겠지만, 바디 스캔은 대부분의 사람들이 몸에 대해 가지는 '나 중심'의 개인화된 관점을 분산시키는 역할을 합니다. 이 훈련은 개인적으로 고통과 아픔을 초래하는 다양한 원인으로부터 여유를 갖게 해주는 새로운 방법을 경험하도록 도울 것입니다. 예를 들어, 통증 클리닉에서는 이러한 형태의 스캔 방식은 몸의 감각이 변화할 때 그에 대한 보다 중립적이고 객관적인 관점을 가지게 해줍니다. 따라서 습관적 행동의 감소와 부정적인 인식과 해석으로부터 자유로워지게 합니다.

명상

어떤 대상을 인식하는 것에 초점을 두게 하여 집중력을 개발하고 유지시키는 훈련입니다. 눈을 감고 편안한 자세로 앉아서 호흡, 몸, 정신적인 현상(생각, 기억, 인식 등) 또는 소리, 단어, 이미지 등에 주의를 기울이게 하는 등의 다양한 기법을 사용합니다. 이를 통해 평화로운 상태를 만드는 고요한 의식상태로 만들어줍니다. 이 책에서는 차후 호흡과 의식적으로 생각을 내보내는 것을 결합하는 방법으로 위빠사나(Vipassanç) 또는 통찰 명상을 통해 설명할 것입니다.

마음챙김 움직임

마음챙김 걷기와 같은 의도적인 움직임은 이전에 언급한 3단계 방법을 실습하기에 좋습니다.

1) 의도 정하기
2) 행동으로 이어가기
3) 그 행동을 관찰하며 온전히 행하기

'마음챙김 명상'이라는 표현을 종종 들어보셨을 것입니다. 이는 순간 순간을 인지하는 것이 주의를 집중하는 것과 결합됨을 보여줍니다. 예를 들어, 마음챙김 호흡은 매 순간의 호흡을 알아차리도록 하고, 동시에 주의집중하는 것을 향상시켜줍니다. 이 책의 많은 실습들은 호흡, 명상집중, 판단하지 않는 알아차림, 순간 순간의 움직임을 혼합한 것이라는 것을 알려드립니다.

기초적인 마음챙김의 4가지 이점

1) 마음챙김은 유연성을 발휘하여 고착된 마인드셋에서 벗어나도록 해줍니다. 수용보다는 적응이라는 관점으로 생각하도록 돕습니다. 고착된 마인드셋에 갇혀 있다는 것은 적절하지 않은 꼬리표를 자신이나 타인에게 붙여 놓은 것과 같습니다. 예를 들면 증상이 다른 환자에게 고착된 관점으로 진단을 내리는 것입니다. 그러므로 변화나 융통성 있는 관점을 갖기 힘들어집니다. 남자, 여자, 아이, 부모, 선생님 등의 역할에 대해서 고착되거나 제한된 판단을 하는 것도 그와 같은 예시에 해당합니다.

2) 마음챙김은 한정된 자원이나 능력과 같은 한계점에 대한 신념을 뛰어넘도록 해줍니다. 예를 들어, 특정 나이가 넘으면 다시 학교로 가서 공부를 할 수 없다거나 이혼 후에 다른 파트너를 찾는 것은 불가능하다는 생각 그리고 새로운 진로를 찾거나 재산을 가질 수 없다는 등의 제한된 믿음이 이에 해당합니다.

3) 마음챙김은 상황적 맥락이 우리에게 어떤 영향을 미치는지 더 잘 알 수 있도록 해줍니다. 맥락은 우리가 생각하고 느끼는 것을 크게 변화시킬 수 있습니다. 예를 들어, 맥락은 나이 듦에 대한 태도에 영향을 미칩니다. 어떤 사람이 특정 나이가 되면 창의성, 활동성, 학습력이 멈춘다고 믿는다면, 그들은 나이가 들면서 활동성이 줄어들 것입니다. 하지만, 여러 연구를 통해 밝혀진 것은 노인들도 격려를 받으며 활동하게 되면 신체적인 건강은 물론 시력까지도 좋아진다고 합니다.

4) 마음챙김은 우리의 생각이나 감정 조절을 폭 넓게 인식할 수 있도록 도와줍니다. 마음챙김

인지는 몸이 주는 신호와 마음의 소리에 대한 민감성을 증가시킵니다. 예를 들어, 너무 오래 앉아 있어 등의 통증을 느꼈을 때 너무 늦게 알아차려 등이 뻣뻣해지기 전에 움직이거나 스트레칭을 하는 것도 이에 해당합니다. 또한, 머릿속에서 맴도는 오래전 이야기나 상황에 대한 인지는 그 상황을 객관적으로 보게 하거나 현재의 순간으로 돌아올 수 있도록 해줍니다.

2.3 고착된 마인드셋과 한계점 돌아보기

다음의 질문들에 대해 잠시 생각해보고 답변을 작성해보세요.

1. 함께 일하는 사람들(동료, 파트너, 고객 등)을 어떻게 생각하는지에 대해 영향을 미치는 나의 고착된 마인드셋에는 어떤 것이 있을까요?

2. 이러한 고착된 마인드셋이 어떤 상태나 상황을 만들어왔나요?

3. 개인적인 삶에서 접하게 되는 친구, 파트너, 가족 등의 역할들에 대해 어떠한 고착된 마인드셋을 가지고 있나요?

4. 이러한 마인드셋이 나에게 무엇을 느끼게 하나요? 다른 사람들에게는 무엇을 느끼게 하나요? 이러한 제한요소가 사라진다면 어떨까요?

마음챙김 호흡의 중요성

몸과 마음을 편안하게 하는 방법을 알기 위해서는 적절한 호흡법을 알아야 합니다. 휴식과 완화, 고양된 의식수준을 얻기 위한 명상 호흡은 수천 년간 수행되어 왔습니다. 부처님의 안반수의경 (Anapanasati sutta)이나 호흡을 통한 마음챙김에 대한 담론들은 수세기에 걸쳐 마음챙김 수행자들로 하여금 최고의 인지수준과 깨달음을 얻는 도구로서 호흡을 사용할 수 있도록 적절한 방법으로 인도하는 역할을 해왔습니다. 또한, 고고학자들이 인도에서 요가식 호흡 자세가 묘사된 4,000년된 조각상을 발견하는 등 호흡은 인류역사에서 매우 숭상되어 왔습니다. 결국, 이러한 고대의 호흡 수련방식이 서방으로 전해진 것입니다.

1960년대 하버드대학 교수이며 심장병 전문의인 허버트 벤슨은 초월명상호흡법(TM, Transcendental Meditation)이 '이완반응'을 가져온다는 것을 발견했습니다. 하지만 그 시대에는 마음과 몸이 연결된 의학은 받아들여지지 않는 때였고 명상은 비주류의 방식으로 여겨졌습니다. 초기의 초월명상호흡법에 대한 거부감에도 불구하고, 결국 벤슨의 연구는 집중적인 호흡수련이 사람들에게 심리적, 생리적 이점을 가져다준다는 것을 밝혀냈습니다.

그 효과들은 다음과 같습니다.

1) 혈압을 낮춰주며 혈중 젖산농도를 완화시킵니다(젖산: 불안감을 가져오는 화학물질)
2) 심장 박동 수, 기초 대사량, 호흡수를 낮춰줍니다.
3) 깨어 있게 함과 동시에 차분함을 느끼게 해주는 알파파가 증가합니다.
4) 기분과 정신적인 유연성을 키워주는 신경 전달 물질인 세로토닌이 혈중에 분비되고 뇌에 전달됩니다.
5) 전반적인 행복감이 높아지고 몸의 변연계가 차분해집니다.

횡격막 호흡(배 속 깊이 숨을 쉬는 것)은 몸의 완화 체계를 작동시키는 의식적이고도 의도적인 방법입니다. 단지 3번의 호흡 또는 약 20초 동안의 호흡만으로도 가능합니다. 다시 말하면, 이는 몸의 스트레스 반응을 낮춰 줌으로써 몸의 화학작용을 대폭 변화시킵니다. 횡격막 호흡은 몸과 뇌를 위한 환기 시스템과 같습니다. 몸의 감정 시스템이 과열되었을 때 의식적인 호흡으로 이를 식힐 수 있습니다.

이는 미국 심리학회의 예방 페이지에 언급된 호흡 방법이기도 합니다. 사실 우리가 어렸을 때에는 노력하지 않아도 저절로 되는 방법이었지요.

방식은 이렇습니다. 폐 속 가장 깊은 곳까지 호흡을 할 때, 우리의 호흡은 횡격막을 밀게 됩니다. 이는 가슴과 복부를 나누고 있는 근육이지요. 복부가 팽창되면서 척추 안을 따라서 미주 신경을 누릅니다. 이는 생리학적으로 이완 반응을 일으키며, 혈류로 세로토닌을 분비하게 되는 결과를 낳습니다. 얕은 호흡은 이러한 효과를 가져오지 못합니다. 얕은 호흡은 몸의 투쟁 도주 반응(갑작스런 자극에 대하여 투쟁할 것인가 도주할 것인가의 본능적 반응)을 강화시켜 코르티솔과 아드레날린과 같은 스트레스 호르몬의 분비를 촉진합니다.

연구에 따르면 특히 코르티솔의 경우 기억 복구를 일시적으로 막는 작용을 한다고 합니다. 기능자기공명영상(fMRI)으로 연구된 자료에 따르면 높은 코르티솔 수치는 감정적인 자극을 일으키는 뇌의 편도 부분에 큰 자극을 일으킨다고 합니다. 이러한 작용은 기억 복구 능력을 손상시키고, 이는 신속한 대응을 요구하는 일이나 상황에서 효과적으로 기능하고 판단하는 데 영향을 미칩니다.

2.4 횡격막 호흡 배우기

아래의 실습을 따라 해보세요.

---

1. 자 우선, 당신은 가슴으로 호흡하는 사람인지, 배로 호흡하는 사람인지 살펴봅시다.

- 한 손은 손바닥을 가슴 위에, 심장 위 또는 조금 더 높은 곳에 두시기 바랍니다. 다른 한 손은 손바닥을 배 위(배꼽과 흉곽 사이)에 놓습니다.

- 이제 숨을 몇 차례 쉬어 봅니다.

- 이때 호흡은 코로 들이 마시고 내쉴 때는 코 또는 입으로 내쉽니다. 나에게 더 편한 방법으로 하면 됩니다.

- 어떤 손이 움직이나요? 두 손이 모두 움직이거나, 위쪽의 손이 움직인다면 당신은 아마도 가슴으로 호흡하는 사람일 것입니다. 만약 호흡을 할 때 배 쪽에 올려놓은 손만 눈에 띄게 움직인다면 횡격막 호흡 또는 배로 하는 호흡을 하고 있을 확률이 높습니다. 이미 배로 호흡하고 있다면, 축하드립니다. 다음의 단계를 연습해서 배로 하는 호흡을 더욱 발전시키 보세요.

2. 가슴으로 호흡하는 분이라면, 배로 하는 호흡을 배워볼 수 있는 간단한 자세를 배워보겠습니다.

- 지금, 두 팔을 등 뒤쪽으로 모아서 두 손을 꼭 잡아보세요. 이렇게 하면 갈비뼈에 연결되어 깊은 폐 호흡을 쉽게 하도록 돕는 늑간 근육이 스트레칭 됩니다.

- 만약 의자에 앉아 있다면 이 동작을 위해 조금 몸을 앞으로 기울여야 할지도 모르겠습니다.

- 몇 차례 호흡을 해보세요.

- 약간 어지럽다면 호흡을 너무 깊게 한 것일 수 있습니다. 차이점이 느껴지나요? 복부가 팽
  창되거나 움직이나요?

3. 늑간 근육을 스트레칭하는 또 다른 쉬운 방법은 머리 또는 목 뒤로 손을 꽉 잡는 것입니다.
이 동작을 하면서 통증이나 불편함이 없도록 주의해주세요. 손을 잡은 채로 몇 번의 호흡을
해보세요. 배의 움직임이 느껴질 것입니다.

4. 배로 호흡할 때 몸의 반응을 살펴보세요. 이완된 느낌이나 차분해짐, 따스함, 저림 또는 현
기증이 날 수 있습니다.

5. 지금 3분간의 횡격막 호흡을 해보면서, 만약 당신의 마음이 과거 또는 현재를 생각한다면
이를 그냥 지켜보십시오. 그리고 나서, 다시 호흡에 주의를 집중하고 몸의 자연스러운 이완
시스템을 활성화하는 이 순간을 즐겨보세요.

*횡격막 호흡이 기본적인 호흡방식이 될 때까지 연습해보세요. 익숙해지면 복식호흡을 위해
손을 등 또는 머리 뒤에 받칠 필요가 없어질 것입니다.

의도의 중요성

이번 장 초반에 I-CAN에 대해 언급했듯이, 몸, 호흡, 생각, 일상 활동에 의도를 부여하면 인지역량이 향상될 수 있습니다. 이는 습관적 행동으로부터 자유로워지게 하는 능력을 촉진하기도 합니다. 의도란 내 삶을 어떤 방식으로 만들어 나갈 것인가에 대한 것입니다. 나의 꿈과 바람을 활성화시키는 노력과 수단에 연료를 공급하는 것이라고 할 수 있습니다. 만약 의도의 힘이 의심된다면, 지금 이 순간 당신의 차, 생활방식, 사람 관계, 직장에서의 상황 등 삶의 모든 것이 어떤 의도로 시작되었는지 한번 생각해보세요. 광고주들은 의도의 힘을 알고 있어서 그들의 의도를 당신의 의도가 되게끔 하는 데 기꺼이 거액을 투자하죠.

의도는 근본적으로 좋은 것도 나쁜 것도 아닙니다. 다른 사람들이 의도했지만 나는 원치 않는 것으로부터 자신을 보호하거나, 해롭고 부정적인 감정을 피하는 데 나의 의도를 선택할 수 있습니다. 일상생활에서 나는 어떻게 호흡하는가, 어떻게 걷는가, 앉는가, 서는가, 말하는가, 주변을 어떻게 보는가에 대한 것을 마음속으로 기억해보면서 인식해볼 수도 있습니다.

특히 이러한 의도가 유용할 때는 '나는 절대 이걸 못할 거야'라든지 '내가 무슨 말을 해도 아무도 관심 갖지 않을 거야', '항상 그렇지 뭐'와 같은 한계를 둔 의도를 만들어낼 때 입니다.

이러한 부정적인 생각이 떠오를 때, 마음챙김의 의도는 호기심과 중립적인 자세로 이러한 부정성을 알아차리는 것을 의미합니다. 당신으로 하여금 비난이나 판단으로 가지 않도록 하는 것이죠. 이 생각이 해결될 때까지 직접 맞서는 겁니다. 부정적인 생각을 긍정적이고 이로운 의도로 바꿔 생각해보는 것도 좋고, 다른 사람 또는 나를 위해 기도하거나 건강과 행복을 빌어보는 것도 좋은 방법입니다.

뇌 연구자들은 이렇게 의도를 설정하고 감정에 이름을 붙이거나 관찰하는 것만으로도 뇌 안의 반응 작용을 억제할 수 있다고 합니다. 안전한 거리에서 바라봄으로써, 객관적으로 바라보고 감정에 이름을 붙일 수 있게 되는 것입니다. '내 마음에 좌절이 있구나', '분노가 있구나', '상처가 있구나', '슬픔이 있구나'라고 마음 속으로 말하는 것이죠. 또한, 이 감정과 같이 있어보자는 의도를 설정할 수도 있습니다. 이렇게 해보면, 그 감정이 내가 생각한 것보다 두렵거나 무섭지 않다는 것을 발견할 수도 있습니다. 그리고 감정들이 오르락내리락하는 것을 볼 수 있습니다.

의도를 설정하는 것은 연습할 수 있는 기술이며, 새롭게 배운 횡격막 호흡과 함께하면 더 도움이 될 것입니다.

2.5 의도를 설정한 호흡 실습

아래 활동을 통해 호흡과 함께 마음챙김의 기본적인 3단계 방법(의도설정, 실행, 관찰)을 배울 것입니다.

> 시작하기 전에, 의자에 앉을 수 있는 장소나 가부좌 또는 양반다리를 하고 앉을 수 있는 조용한 장소를 찾아보세요. 본격적으로 시작하기 전에 3분 동안 등을 곧게 펴고 당신만의 편안한 호흡 리듬을 찾아봅니다.
>
> 1단계: 의도 설정
> • 들이마시는 숨에 마음 속으로 이렇게 말하면서 나의 호흡에 의도를 설정합니다.
> '호흡을 시작한다.'
> • 내쉬는 숨에 마음 속으로 이렇게 말하면서 나의 호흡에 의도를 설정합니다.
> '호흡을 마친다.'
>
> 2단계: 설정된 의도와 함께 호흡 실행
> • 각각의 의도에 따라 호흡을 들이마시고 내쉽니다.
>
> 3단계: 주의를 기울여 지속적으로 관찰
> • 횡격막이 오르락내리락하는 것을 관찰합니다.
> • 호흡과 호흡 사이의 멈춤을 관찰합니다.
> • 생각을 관찰하고 호흡으로 돌아옵니다.
> • 몸의 상태를 의식합니다.

호흡은 나의 몸을 돌보는 수단입니다. 몸에 주의를 기울여서 각각의 호흡이 얼마나 길고 짧은지 관찰합니다. 각각의 호흡을 내가 어떻게 받아들이고 내보내는지를 의식하면서 내 몸을 차분하게 할 수도 있습니다. 아래의 글은 안반수의경에서 부처님이 마음챙김 호흡을 가르칠 때 했던 현명한 조언들입니다. 짧고 긴 호흡을 할 때마다 이 깊은 인식을 기억해보십시오.

길게 들이 마실 때, 나는 알아차린다.
'길게 들이 마시는구나.'
길게 내쉴 때 나는 알아차린다.
'길게 내쉬는구나.'

짧게 들이 마실 때, 나는 알아차린다.
'짧게 들이 마시는구나.'
짧게 내쉴 때 나는 알아차린다.
'짧게 내쉬는구나.'

나는 나 자신을 훈련한다.
'온몸의 감각을 느끼면서 나는 들이 마신다. 온몸의 감각을 느끼면서 나는 내쉰다.'

나는 나 자신을 훈련한다.
'온몸을 차분하게 하며 나는 들이마신다. 온몸을 차분하게 하며 나는 내쉰다.'

2.6 호흡 실습 돌아보기

다음의 질문들에 대해 잠시 생각해보고 답변을 작성해보세요.

1. 매일 호흡 실습을 하는 데 있어서 가장 큰 도전은 무엇인가요?

2. 매일의 호흡 실습에 기꺼이 낼 수 있는 시간은 몇 분인가요? 언제 어디서 하면 좋을까요? 효과적인 계획을 어떻게 세울 수 있을까요?

3. 특정 공간을 정해두고 호흡과 마음챙김 연습을 하면 도움이 될까요? 어떻게 하면 시간이 없거나, 피곤하거나, 지쳤을 때 연습을 꾸준히 할 수 있도록 동기 부여할 수 있을까요?

Week3
매일의 마음챙김 통합하기

Week 3
매일의 마음챙김 통합하기

많은 사람들에게 마음챙김을 소개해준 후 자주 듣는 질문이 있습니다. "평소 마음챙김을 연습하는 것이 얼마나 중요한가요?", "마음챙김에 대해서 얼마나 알아야 하나요?" 이러한 질문들은 마음챙김을 배우고 있는 모든 분들에게 중요합니다.

마음챙김이 많은 사람들에게 관심을 받고 있는 요즘, 위의 질문들은 한번쯤 생각해볼 필요가 있습니다. 10년 전만 하더라도 낯선 개념이었던 마음챙김은 이제 일상 생활에서도 자주 쓰이는 단어가 되었습니다. 그런데 문제는 마음챙김을 습관화하는 것과 용어 그 자체를 동일시하여 사용하는 데 있습니다. 마음챙김을 매일매일 연습하지 않는다면, 마음챙김을 통해 삶이 변화하는 경험을 동반하는 통찰력을 얻는 데 필요한 중요한 부분을 놓칠 수 있습니다. 마음챙김 연습없이 마음챙김을 배운다는 것은 가상으로 악기플레이 게임을 하면서 악기연주법을 배운다고 생각하는 것과 같습니다.

마음챙김은 모든 감각이 관여되어 뇌를 새롭게 재훈련하는 다각적인 기술이기 때문에 훈련과 연습이 반드시 필요합니다. 마음챙김은 과거나 미래에 초점을 두는 것이 아니라 현재의 삶을 있는 그대로 받아들이도록 우리의 의식을 깨워줍니다. 현재의 순간에 온전히 집중하게 되면 우리는 삶의 모든 순간들을 충만하게 경험할 수 있습니다. 사실 말보다 실행이 어렵습니다. 어떤 기술도 마찬가지겠지만, 무언가를 숙달하려면 하나부터 열까지 세세히 알고 정확한 방법으로 순서에 맞게 배워야 합니다. 그렇지 않으면 지루함, 혼란스러움, 좌절감을 느끼며 포기하게 될 것입니다. 사람들을 돌보는 일을 하는 사람들도 개인적인 난관의 경험 없이는 어려움을 겪고 있는 사람들을 격려하는 법을 알 수 없었을 것입니다.

또한, 마음챙김을 정확하지 않거나 해로운 접근 방식으로 배울 수도 있습니다. 방법을 제대로 알지 못한 상태에서 하는 연습은 시간 낭비일 뿐만 아니라 스스로는 점점 나아지고 있다고 착각

할 수도 있습니다. 예를 들어, 누군가에게 "마음챙김하며 식사하는 것이 중요해"라는 조언이 좋은 것일 수 있습니다. 하지만 마음챙김 식사에 대한 적절한 연습과 본인의 경험도 없이 전달된 조언들은 의미가 없고 혼란만 일으킬 수 있습니다. 마음챙김하며 식사한다는 것이 음식을 먹을 때 '관심을 갖는', '신중한', '조심스러운', '나중 일을 의식하는', '양심적인', '관찰하는' 것인가요? 만약 식사를 할 때마다 마음챙김을 하지 않는다면 실패한 것인가요?

　　마음챙김 훈련은 운전을 배우는 것과 매우 유사합니다. 처음으로 운전을 배울 때를 기억하시나요? 운전대를 잡아보기 전에는 운전이 쉬운 것이라고 생각했을 수도 있습니다. '이 정도야 문제없어. 그냥 시동을 걸고, 기어를 드라이브로 놓고 악셀을 밟으면 되는 거지'라고 생각하며 설레어 했을 수도 있겠네요. 그러다 처음 차를 가지고 도로에 나가 보면 운전이 얼마나 힘든 일인지 깨닫게 됩니다. 그래서 처음엔 공터나 혼잡하지 않은 도로부터 천천히 운전해보며 연습을 합니다. 그러다가 조금 더 자신감이 생기면 차선도 많고 속도도 내야 하는 고속도로 운전을 하게 됩니다. 이 과정에서 여러분은 1명 이상의 운전 선생님을 만났을 겁니다. 그 분들이 숙련되고, 참을성 있으며 친절했기를 바랍니다.

　　당신이 일터에 마음챙김을 도입하기로 결정했다면, 함께 일하는 동료들에게 운전을 가르쳐 준다고 생각해야 합니다. 그들은 당신에게 의지하며 정신과 육체의 기본적인 작동법을 배우고, 더 나아가 의도를 가지고 더 집중하며 의식을 깨우는 법을 배울 것입니다. 이 방법을 가르치는 데에 한가지 방법만 있는 것은 아니지만, 어느 누가 가르치더라도 짚고 넘어가야 하는 기본적인 부분들이 있습니다. 저는 의식을 가지고 호흡하는 것으로 시작한 후, 마음챙김 걷기와 마음챙김 식사에 대해서 안내해드리도록 하겠습니다.

　　스스로 매일 해볼 수 있는 마음챙김 훈련에는 3가지 기본적인 단계가 있습니다.

　　1단계: 마음챙김을 배우고 연습할 수 있는 선생님이나 그룹을 찾아보세요. 마음챙김에 관련된 자료나 책을 함께 읽어 보는 것도 좋습니다. 전문가 양성을 목적으로 하는 마음챙김 기반의 스트레스 감소 프로그램(MBSR, Mindfulness-Based Stress Reduction)도 있습니다. 인터넷에서 일반인을 대상으로 하는 마음챙김 그룹을 찾을 수도 있고, 독서를 통해 마음챙김에 대한 탐구와 지식을 확장할 수도 있습니다. 시중에는 마음챙김 식사에 중점을 둔 좋은 책들도 많이 나와 있습니다.

2단계: 매일매일의 마음챙김을 시작해보세요. 특히 마음챙김 식사를 매일 해보시길 바랍니다. 우리는 살아가면서 셀 수 없이 많은 식사 시간을 갖습니다. 이는 마음챙김을 연습할 수 있는 강력한 수단이기도 하고 건강도 유지할 수 있습니다. 또한, 마음챙김의 원칙들을 정립해 놓으세요. 그러면 차후 다른 사람들에게 마음챙김을 설명할 일이 생겼을 때 유용하게 활용할 수 있습니다. 당신의 지속적인 성장을 촉진해줄 수 있는 장기적인 마음챙김과 명상수행 프로그램에 참여해 보는 것도 효과적입니다. 실제적인 적용을 통해 이러한 효과와 도전들을 경험하게 되면, 추후 사람들과 교류하면서 필연적으로 받게 되는 개인적인 경험을 묻는 질문들에 대해 보다 편하게 대응할 수 있을 것입니다.

3단계: 완전히 습득될 때까지 참을성과 인내심을 가지고 계속해서 노력을 기울여 보십시오. 결국 마음챙김이 더욱 견고해지고, 언제나 쉽고 자연스럽게 쓸 수 있는 기술이 되어있을 것입니다. 지속적으로 마음챙김을 경험하는 것은 훈련 과정의 묘미가 되겠지요. 사실, 마음챙김의 배움과 연습에는 끝이 없습니다. 마음챙김은 다시 마음을 챙기는 것(re-mindfulness)이기 때문입니다. 이는 실패가 아니라 끊임없이 본질을 다시 묻게 되는 탐구의 본성입니다. 훈련을 하면 할수록, 삶을 풍성하게 변화시켜 주는 마음챙김에 대해 당당하게 이야기할 수 있는 자신감을 갖게 될 것입니다. 가장 좋은 점은, 마음챙김의 정수에 대해 솟아오르는 끝없는 경외심과 존경심 그리고 깊은 감사의 마음과 함께 '마음챙김 운전 면허증'을 갖게 될 것이라는 점입니다.

3.1 매일매일의 실습 돌아보기

다음의 질문들에 대해 잠시 생각해보고 답변을 작성해보세요.

1. 위의 3단계 중에서 어떤 부분이 실행하기 쉬울 것 같나요?

2. 위의 3단계에서 어떤 부분이 도전 과제가 될 것 같나요?

3. 실습 과정 중에 좌절감이 들고 힘들 때 어떻게 하면 인내심을 갖고 계속 실습을 유지할 수 있을까요?

스트레스 해독하기

우리가 외로움이라고 부르는 슬픔의 상태는 사람의 몸에 어떤 생리학적 변화를 일으키는지조차 잘 인지되지 않는 고유한 형태의 스트레스를 만들어냅니다. 외로움을 느끼며 잠을 자거나 삶의 무게에 힘들어하는 노인들의 코르티솔 수치에 대해 연구한 결과를 한번 살펴보겠습니다.

노스웨스턴 대학의 사회격차와 건강 센터의 엠마 아담은 인생의 매일매일의 경험이 우리의 스트레스 호르몬 수치에 영향을 미친다는 것을 알게 되었습니다. 그리고 결국 이 스트레스 호르몬 수치가 우리 삶의 경험에 직접적인 영향을 미칩니다. 아담은 3명의 연구자와 함께 1935년생부터 1952년생까지의 노인 156명을 대상으로 하루에 3번씩 3일간 연속으로 타액 시료를 채취했습니다.

전날 밤 외로움을 느끼며 잠든 노인들은 예외 없이 다음 날 아침 높은 코르티솔 수치를 나타냈습니다. 슬픔, 무력감, 두려움을 느끼면서 잠이 들었을 때도 같은 수준의 수치 증가를 보였습니다. 코르티솔은 하루를 어떻게 보냈는지를 나타내는 생물학적 표시입니다.

코르티솔은 양날의 칼입니다. 한쪽 면으로 보면, 우리 몸에서 코르티솔을 만들어내는 것은 스트레스 상황에서 생존을 돕는 데 필요합니다. 하지만 시간이 흐르면서 코르티솔 호르몬이 높은 수준이 지속되면, 번아웃 상태와 함께 스트레스 과부하가 걸리고 신체적인 증상들이 나타나게 됩니다. 많은 연구에 의하면, 코르티솔 수치가 높아지면 기억장애, 남성 복부비만, 여성 섭식장애, 고혈압 및 여러 가지 불균형을 일으키는 것으로 밝혀졌습니다.

정신 신체 의학(Psychosomatic Medicine) 분야의 연구에서는 공립학교 66명의 교사들을 대상으로 3일 연속으로 아침에 일어났을 때의 타액 시료를 채취해서 코르티솔 수치를 관찰했습니다. 스트레스와 번아웃 수준이 높은 교사들은 매일 아침 전반적으로 코르티솔 분비 장애를 보였고, 자존감도 가장 낮게 측정되었으며, 사건의 원인이 자기 외부에 있다고 보는 외부적 통제위치가 가장 높았고, 교사 연구 집단 중에서 가장 많은 수의 신체적 증상을 호소하였습니다.

우리는 매일매일 노출되는 스트레스에 대응하기 위해 노력하는데, 이 압박을 덜어주지 않게 되면 스트레스가 우리의 몸과 마음에 쌓이게 됩니다. 코르티솔 생성 능력을 감소시키는 번아웃 상태는 스트레스가 장기적으로 누적된 결과라고 할 수 있으며, 감지하기 어려울 정도로 미미한 스트레스도 쌓이게 되면 우리의 웰빙과 관계에 영향을 미치게 됩니다.

마음챙김을 연습하고 유지해야 할 단 한 가지의 이유가 필요하다면, 몸 안에 축적된 스트레스를 해독하기 위함이라고 할 수 있습니다.

다음의 마음챙김 스트레스 해독 연습은 언제든지 할 수 있지만, 특히 삶의 큰 변화나 불확실성을 경험하고 있을 때 사용하면 좋습니다. 이 활동은 운전 전후, 회의 전, 심지어 줄을 서서 기다리는 때에도 할 수 있습니다. 꼭 필요하지 않다고 생각되어도 매일 아침 적어도 한 번씩 이 활동을 해보십시오. 언제 어디서나 할 수 있을 뿐만 아니라 효과도 강력합니다.

3.2 스트레스 해독을 위한 3분간의 마음챙김

앞으로 3분간, 매일 빠르게 쌓이는 스트레스를 감소시켜 줄 방법을 배우게 될 것입니다. 이 활동에서 집중해야 할 기본적인 3가지는 몸, 호흡 그리고 현재 나의 긴장과 감정을 확인하는 것입니다.

00:00~01:00

첫 1분간은 당신의 자세와 몸에 주목해보십시오. 지금부터, 허리를 펴고 앉아서 호흡을 편하게 쉴 수 있는 자세를 찾아보세요. 몇 초 동안은 발이 바닥과 잘 맞닿아 있는지 주목해봅니다. 내 몸이 산처럼 단단하고 안정적인지 느껴보세요. 그리고 이 자세가 주는 균형과 품위를 느껴보세요.

(60초간 실습합니다.)

01:00~02:00

이제 당신의 몸이 안정적이고 차분해졌다면 주의를 호흡으로 가져와보겠습니다. 들이쉬고 내쉬는 호흡의 길이를 관찰해보세요. 일부러 호흡의 길이를 더 길거나 짧게 조절하지 않습니다. 자연스럽고 편안하며 역동적인 호흡의 리듬을 찾아보세요. 매 호흡이 오르락내리락하는 것을 풍선이 커지고 줄어드는 것처럼 상상해도 좋습니다. 호흡은 우리에게 그냥 흘려 보내는 것, 내려놓는 것의 중요성을 가르쳐줍니다. 호흡을 하면서 호흡 간의 멈춤도 의식해보세요.

(60초간 실습합니다.)

02:00~03:00

몸과 호흡에 연결되어 있는 동안 당신은 지금 이 순간 내 몸에서 느껴지는 긴장감이나 감정을 찾아낼 수 있을 것입니다. 목이나 어깨 주변에 긴장감이 느껴질 수도 있겠네요.

만약 어떤 감정이 느껴진다면, 그냥 그 감정에 이름을 붙여보십시오. 슬픔, 분노, 아픔 이렇게 요. 그리고 나서 호흡을 들이마실 때, 내 정수리 쪽으로부터 흰색 또는 금색의 불빛이 들어오 는 것을 상상해봅니다. 이 불빛이 내 몸 안에 긴장이 느껴지는 부분으로 들어와서 그곳을 꽉 채웁니다. 호흡을 내쉴 때, 이 불빛이 그곳에 있는 불순물과 부정적인 감정까지 모두 가지고 내 다리와 발 끝을 통해 나간다고 상상해보십시오. 재활용을 위해 지구로 되돌려지는 것입니 다. 들이쉬며 흰색 또는 금색의 불빛, 내쉬며 긴장감. 이렇게 하면서, 내 몸의 그 부분이 점점 부드러워지고 편안해지도록 할 수 있습니다.

(60초간 실습합니다.)

스트레스 해독을 위한 3분간의 마음챙김 실습을 해보니 어떤 느낌이 들었나요? 차분해지고 편안해지셨나요? 개운함을 느끼셨습니까? 이 실습을 몇 번만 해보면 다음이 기대되기 시작할 겁니다. 이 활동을 통해 내 몸에서 스트레스가 빠르게 나타나고 사라지는 것을 경험하면서 놀랄 수도 있습니다. 언제 이 활동을 활용할 수 있을까요? 아마도 미래에 대해 막막할 때, 해야 할 일이 걱정될 때 또는 초초할 때 하면 좋을 것입니다.

이 활동의 목적은 감정이나 긴장감을 피하기 위함이 아니라 더 건강한 방법으로 스트레스를 다루고, 순간순간의 균형을 찾기 위함이라는 것을 기억하세요.

집중해서 하는 활동에는 일시적으로 내 주의를 끄는 생각들, 소리들, 기억들, 감각들이 있을 수 있습니다. 그것들에 주목하되, 다시 호흡에 집중하면서 그 긴장감으로 들어가는 호흡 과정으로 돌아오세요. 어떠한 긴장감도 느껴지지 않는다면, 그냥 편하게 호흡하면서 그 호흡의 리듬에 편안하게 몸을 맡겨보세요.

휴대용 마음챙김 키트

마음챙김은 소소한 일에도 감사를 불러오는 방법입니다. 또한, 마음챙김을 활용해 속도를 늦춘다는 것은 많은 사람들이 일반적이라고 생각하는 빠른 삶의 방식과 반대되는 것으로도 보입니다. 사실 마음챙김은 매우 미국적인 개념입니다. 개인적이고, 나 자신에 대한 진리를 찾는 것이며, 다른 사람들의 방식에 빠지지 않는 것이기 때문입니다. 하지만 의식을 가지고 자세히 들여다보면 이는 새로운 해결책을 찾는 방식이며, 새롭게 경험하는 방법이자 사람들과 연결되는 방식입니다.

마음챙김은 언제 어디서나 휴대용으로 할 수 있습니다. 내가 원할 때 언제나 사용할 수 있구요. 혼자서도 할 수 있고, 다른 사람들과 함께할 수도 있습니다. 마음챙김이 일상화되면 자연스럽게 생활방식의 한 부분으로 자리를 잡고, 그 온전한 단순함은 자기변혁을 위한 심도 있고 강력한 도구가 될 것입니다. 예를 들어 마음챙김 걷기를 들어봅시다. 하루에 몇 걸음이나 의식적으로 걷는

다는 사실을 인지하며 걸으시나요? 많은 사람들이 본능처럼 자연스럽게 걷기를 하고 있을 것입니다. 그렇다면 이 걷기를 매일매일의 마음챙김 개발 기회로 삼아보는 것은 어떨까요?

마음챙김 걷기는 한 걸음 한 걸음의 순간에 온전히 현재에 머무는 것입니다. 이에 대해 19세기 미국의 철학자인 헨리 데이비드 소로는 자신의 수필에서 질문의 형태로 이를 언급하고 있습니다. "걷는 것은 내가 인식하지 않아도 이루어진다. 몇 가지 일에 대한 생각이 머릿속에 가득할 때, 내 몸은 다른 곳에 가 있고, 내 감각은 다른 곳에 가 있다. 숲 외의 것을 생각하면서 나는 숲에서 무엇을 하고 있는가?"

마음챙김 걷기를 숙달하는 과정은 아기가 걸음을 배우는 것에 비유해서 설명할 수 있습니다. 일반적으로 아기들은 걷는 것에 익숙해질 때까지 평균적으로 만 번을 넘어진다고 합니다. 매번 넘어질 때마다 새로운 배움을 얻고 계속 넘어지며 좌절스럽더라도 포기하지 않죠. 다행입니다, 그렇지 않았다면 지금쯤 우리 모두 여전히 기어 다니고 있겠죠?

문제는 걷는 방법을 익힌 이후입니다. 우리는 걷기를 할 때 깊이 생각하거나 그 순간들을 제대로 느끼지 않고 자동적으로 할 때가 많습니다. 아무런 노력을 기울이지 않고 하는 것처럼 보이기도 합니다. 결국, 생각해봐야 할 것은 이것입니다. 걷기를 통해 어딘가로 가거나 운동을 하는 것 외에 좋은 점은 또 무엇이 있을까요?

어디를 가든 아무런 의식 없이 걷고 달리는 것을 멈출 준비가 되어 있다면 아마도 마음챙김 걷기를 할 준비가 되었을 것으로 생각됩니다. 걷는 속도를 줄이고 마음을 챙기면서 걷는다면 완전히 다른 방식으로 걷는 것을 배울 수 있을 것입니다.

마음챙김 걷기를 조화롭게 하기 위해 몸과 마음을 준비하는 3단계 방법이 있습니다. 사실 굉장히 단순합니다.

1단계) 의도를 설정하고 한 발짝 걸어보는 겁니다.

2단계) 의도를 생각하면서 그 첫 발짝을 내딛어 봅니다.

3단계) 몸을 움직일 때 함께 올라오는 감정이나 생각들을 관찰해봅니다.

이 3단계 과정을 반복하는 것이 바로 마음챙김 걷기입니다. 핵심은 걸을 때 기계적으로 하는 것이 아니라 그 동작을 설정한 의도의 목적대로 하는 것입니다. 이렇게 하면 몸을 움직이는 것 자체가 자연스럽게 마음챙김 명상이 됩니다. 이전에 호흡을 통해 했던 것을 이제 걸음을 통해 하는 것입니다. 한 호흡, 한 호흡 마음을 챙기면서, 한 걸음 한 걸음 마음을 챙기는 것이죠. 이전에 배운 것처럼 걷는 도중에 어떤 생각들이 올라온다면, 다시 의도-동작-관찰의 3단계 과정으로 주의를 돌려보십시오.

처음에는 이 과정이 이상하게 느껴질 수 있습니다. 그럴 때 기억하세요. 걷는 방법을 알 때까지 계속 걸음을 내딛었던 아기 때의 모습을 말입니다. 연습해야 숙달됩니다. 마음챙김 걷기를 많이 할수록, 이 과정이 더 빠르고 자연스럽게 내 것이 될 겁니다.

3.3 마음챙김 걷기 실습 연습

이 활동을 하는 동안 여러분의 마음은 자연스럽게 산만해질 것입니다. 그때는 다시 몸과 마음의 주의를 3단계의 의도-동작-관찰 과정으로 돌려보십시오.

맨발로 하는 것이 낫다고 생각할 수도 있습니다. 만약 그렇다면, 바닥 표면이 부드러운 곳을 선택하세요. 1평 남짓한 작은 공간에서도 충분히 연습할 수 있습니다. 마음챙김 걷기가 조금 더 자연스러워지면, 실내나 실외 어디서든지 할 수 있습니다.

의도 1

지금 연습해봅시다. 일어서면 바닥을 디디고 있는 내 발을 느낄 수 있습니다. 발걸음을 내딛으면서 호흡하는 것을 염려하지 마시고, 그냥 호흡이 발걸음에 맞춰 자연스럽게 흘러가도록 해보세요. 각각의 발걸음마다 간단한 의도를 가지고 시작할 수 있습니다. 자, 그럼 지금 오른발을 내딛으며 의도를 설정해보세요. 다리, 엉덩이, 발의 움직임을 알아차려보세요. 발이 땅에 닿을 때의 느낌을 관찰해보세요. 이번에는 왼쪽 발을 내딛으며 의도를 정해보세요.

몇 걸음 이렇게 해보면서 의식적으로 그 의도에 따라 걸어보세요. 이런 식으로 1분간 계속 걸으면서 그 다음에는 새로운 의도를 설정해 보겠습니다.

(60초간 실습합니다.)

짧게 연습을 해보니 간단한 의도를 설정하는 것이 조금 편안해지셨나요? 만약 다소 불안하고 안정적이지 않다면 걷는 속도를 조금 높이거나, 몸을 지지해줄 수 있는 벽 근처에서 하셔도 됩니다.

의도 2

이제는 각각의 발걸음에 2가지 다른 의도를 정할 겁니다. 이렇게 하는 이유는 더욱 섬세한 동작을 인지하기 위함입니다. 자, 그럼 이제 걷기 위해 오른발을 올릴 때 새로운 의도를 정해보세요. 그리고 오른발을 내릴 때의 의도도 정해보세요. 발과 다리가 어떻게 올라갔다가 땅으로 내려가는지 느껴보세요. 이 과정에서 발꿈치는 어떻게 땅에 닿는지도 관찰해보세요. 발의 어느 부분이 가장 먼저 바닥에 닿습니까? 이제 이 과정을 1분간 해보세요. 오른발을 올리면서 의도를 설정하고 내리면서 의도를 설정하는 것을 계속하는 겁니다.

(60초간 실습합니다.)

의도 3

이 과정이 조금 더 편안해지면 이제 3번째 의도를 추가합니다. 발을 올리고 내리는 과정에 의도를 부여했다면, 이번에는 발을 허공에서 움직일 때의 의도를 추가하는 것입니다. 이 동작을 하면서, 무릎이 어떻게 움직이는지 느껴보세요. 입고 있는 옷이 어떻게 느껴지는지도 관찰해보세요. 지금까지 과정에서 나온 모든 3가지의 의도를 1분간 계속 해봅니다.

(60초간 실습합니다.)

의도 4

마지막 4번째 의도는 발을 땅에 내려놓은 직후에 이뤄집니다. 한 쪽 발과 다리에서 무게를 다른 쪽으로 옮길 때 의도를 추가하는 거죠. 이때, 어떤 근육이 이완되고 수축되는지 느껴보세요. 또한 무게는 어떻게 발에서 퍼져 나가나요? 무릎은 어떻게 풀어지고 조여집니까?

자, 이제 각각의 발걸음에 4가지 분명한 의도가 설정되었습니다. 발을 올릴 때, 허공에서 앞으로 나아갈 때, 발을 내릴 때, 땅에 딛고 무게를 이동할 때죠. 생각들이 올라오거든 그냥 그 의식을 다시 나의 의도-동작-관찰로 가져가보십시오. 몸의 방향을 바꿀 때에도 의도를 설정할 수 있다는 것에 주목해보십시오.

마음챙김하며 몸의 방향의 조정이 필요할 때 '방향을 바꾼다'라는 의도를 설정할 수 있습니다. 그 과정은 매 순간을 여러 장의 사진으로 찍는 것과 같은 효과를 불러옵니다. 매 순간을 주의 깊고 명료하게 사는 것입니다. 이제 이렇게 걸어보면서 각각의 동작에 계속 의도를 부여해보세요.

(60초간 실습합니다.)

이렇게 마음을 챙기며 의식적으로 움직이게 되면 몸과 마음을 재훈련하는 과정에서 현재의 순간들을 강력하게 경험하게 될 것입니다. 이 단순한 기법은 일어서기, 앉기, 먹기 등 그리고 우리가 일상적으로 매일 하는 모든 일에 적용할 수 있습니다.

이렇게 다수의 의도를 설정하는 것은 무기력해진다고 느낄 때 속도를 늦추고 차분하게 해주는 확실한 역할을 할 것입니다. 다행히 마음챙김은 어디에서나 개인적으로 몇 분만 있으면 할 수 있습니다. 또한, 일상적인 활동을 하면서 동시에 마음챙김을 할 수 있습니다. 멀티태스킹을 하지 않은 상태에서 걷는 것에 의도를 두고 평소처럼 또는 조금 더 빠르게 걷는 것입니다. 움직이면서 내 몸의 모든 동작에 주목해보세요. 움직이고 있더라도 반복적인 의도가 중심을 지킬 수 있게 해줍니다.

감사하기를 매일의 마음챙김 활동으로 만들기

만약 매일 여러분이 감사함을 느낀 것을 표현하거나, 사람들이 당신에게 미친 긍정적인 영향에 대해서 말로 표현한다면 어떤 기분일지 상상해볼 수 있나요?

감사하기(Gratitude)의 어원은 라틴어인 Gratitudo입니다. 기분이 좋은 일을 경험했거나 감사할 때 쓰는 표현이죠. 식사 전 후에 하는 '감사기도(Grace)'와도 연결성이 있습니다.

'인생이 살만 하구나'하고 느껴지는 작은 일들을 돌아보며 내 삶에 대해 감사하는 것은 포용력과 긍정적인 감정들을 높여주어 마음챙김을 전반적으로 더 잘 받아들이고 실습할 수 있도록 도와줍니다. 용서하기 또한 우리 삶을 좀 더 기쁘게 바라보게 해주고 어떤 환경이 주어지더라도 초월할 수 있는 관점을 제시해주며 다른 사람들과 비교하여 내가 얼마나 운이 좋은지 느끼게 해줍니다.

연구 결과에 따르면 감사하기를 의식적으로 하는 것, 감사한 일들을 적는 활동은 내 삶이 더 나아졌다고 느끼게 해주는 계기가 되는 것으로 밝혀졌습니다. 연구에서 참가자들은 10주에 걸쳐 매주 감사하게 느끼는 5가지 일들을 적는 활동을 했습니다.

연구의 결과는 다음과 같습니다.

1) 매일 좌절한 일 또는 간단하게 일어난 일상을 적은 사람들과 비교했을 때 25% 더 행복하다.
2) 미래에 대해서 더 낙관적이다.
3) 삶에 대해서 더 괜찮다고 느낀다.
4) 통제군과 비교해서 주당 1.5시간 더 운동을 한다.

소냐 류보머스키 교수의 저서 《행복도 연습이 필요하다(The How of Happiness)》에 수록된 연구에 따르면, 감사하기 활동이 이뤄지기 전과 비교했을 때 이 활동에 참여한 사람들의 행복 수준이 크게 높아졌다고 합니다. 일주일에 한 번 감사하기에 참여했을 뿐인데 말이죠.

감사의 표현이 행복도를 높여준다는 것에 대한 연구결과를 요약해보겠습니다. 감사함을 느낄 때, 우리는 삶에 대해 낙관적으로 바라보게 됩니다. 그래서 자부심과 자아존중감이 올라가게 되죠. 감사하기는 스트레스와 불안감을 낮추는 것을 돕고, 타인과의 관계를 좋게 만들어주기도 합니다. 가장 중요하게는 마음챙김을 실습하는 방법으로써 감사를 느끼고 표현하는 것이 우리의 주의를 분산시키는 쾌락적인 행동들로부터 빠져 나오게 돕는다는 것입니다. 이미 삶에서 우리가 가지고 있는 것에 집중할 때, 쾌락을 쫓는 부정적인 집착으로부터 더 자유로워지게 됩니다.

3.4 감사하기 연습

이번 주에 감사함과 고마움을 느낀 일 3가지를 떠올려보고 적어보세요.

1.

2.

3.

이제, 감사하기와 관련해서 한 가지 더 해보겠습니다.

우리 삶에 영향을 주는 사람들은 많습니다. 지난 주에 당신을 돕거나 친절을 베풀거나 배려를 해준 한 사람을 생각해보세요. 아래 공간에 그렇게 도움을 받은 것이 어떤 기분이었는지 그 감사한 마음을 표현해보세요. 당신을 위해 베풀어 준 그 사람의 호의에 대해 직접 말로 감사를 표현할 수도 있습니다.

_____

_____

_____

_____

_____

_____

_____

마음챙김 수면

우리는 우리의 수면 욕구에 대해서도 의식적일 필요가 있습니다. 잠은 우리가 인지적으로 기능하게 돕는 역할을 합니다. 잠이 부족하면 정신적 건강과 신체적인 건강이 약해집니다. 적절한 휴식 없이 매일매일의 마음챙김을 실습하고 숙달시키는 것은 더더욱 큰 도전이 되겠죠.

불면증이나 수면 중에 자꾸 깨는 것은 여러가지 문제로 이어집니다. 카페인에 너무 취해 있거나 매일의 걱정거리에 파묻혀서 몸과 마음이 분주하고 긴장된 채로 잠에 드는 것도 좋은 수면이 아닙니다. 마음챙김 수면을 위해서는 우선 매일 섭취하는 카페인에 대해 인지해봐야 합니다. 커피, 탄산음료, 초콜릿 등에 들어있는 카페인은 간에 천천히 대사작용을 해서 우리 몸에 36시간 동안 머무릅니다.

수면과 관련해서 한 가지 팁이 더 있습니다. 우리의 몸은 멜라토닌이라는 호르몬으로 빛과 관련하여 수면리듬을 설정합니다. 잘 때 어두울 필요가 있다는 것을 의미하죠. 밖에서나 다른 방에서 빛이 들어오게 되면 몸의 수면시계가 작동하지 못할 수도 있습니다. 또한, TV나 컴퓨터, 핸드폰 등의 전자 불빛에 우리의 망막이 자극을 받기도 합니다.

그래서 잠 자기 약 1시간 전에는 이러한 불빛을 멀리하는 것이 좋습니다. 또한, 자기 전에 따뜻한 우유나 카모마일 차를 마시는 것은 이완효과를 줄 수 있습니다. 이렇게 차를 마시는 것을 수면을 위한 의식으로 만들 수도 있죠. 마음을 달래주는 음악이나 차는 수면을 위한 새로운 의식이 될 수 있습니다. 침대에서 독서하는 것은 잠을 더 깨울 수도 있으니, 자기 전 독서는 피하고 수면을 위한 최적의 환경을 만들어보세요.

3.5 수면 이완 활동

수면 이완 활동을 시작하기 전에 준비 단계로 세 번의 호흡을 해 보겠습니다. 한 번은 긴장을 풀기 위해서 또 한 번은 감정을 내려놓기 위해서 마지막 한 번은 재미를 위해 해보세요.

지금 이 세 번의 차분한 호흡을 하며 약 30초의 시간을 보내겠습니다.

(30초간 실습합니다.)

이 수면 이완 활동은 두 부분으로 구성되어 있습니다. 첫 번째 부분은 몸의 근육 이완을 도울 것입니다. 두 번째 부분은 마음을 편안하게 해줄 것입니다.

첫 번째 부분은 발부터 시작해서 머리와 얼굴로 천천히 올라옴으로써 몸의 여러 부분을 이완하게 됩니다. 등척운동(isometrics)을 해보신 적이 있으십니까? 이 운동과 유사합니다.

지금 바로 해보겠습니다. 10초간 두 발의 발가락과 발바닥을 긴장시켜보세요. 천천히 열을 셉니다. 너무 많이 힘을 주지는 마세요. 통증이 있을 수 있습니다. 그냥 근육을 느낄 수 있을 정도로만 힘을 주면 됩니다. 근육이 점점 피로해진다고 느껴질 겁니다. 그 긴장을 유지하세요. 이제 숫자를 열까지 거의 다 세었을 것입니다. 열을 다 세면 발가락과 발바닥을 완전히 편안하게 해주세요. 두 발에 전혀 긴장이 없는 느낌은 어떻게 다른지, 얼마나 편안한지 느껴보세요.

다음 10초간은 두 발의 편안한 느낌이 어떤 것인지에 집중해봅니다. 원하신다면 이렇게 말해 보셔도 좋습니다. '내 두 발의 모든 긴장이 사라졌다. 내 스트레스는 모두 흘러 내려가서 사라졌다. 나는 이 깊은 이완과 평화로움을 진정으로 즐기고 있다.'

(10초간 실습합니다.)

어떤 마음챙김 실습을 하더라도, 마음이 다른 곳으로 가기 시작한다면 그 근육의 긴장이 느껴지는 몸의 부분으로 가서 부드럽게 이완시켜 주세요. 앉아서도 실습을 할 수 있지만, 누워서 할 수도 있습니다. 자 지금, 두 다리의 발목에 힘을 줘보세요. 모든 근육과 힘줄에 힘이 들어가면서 딴딴해지는 것을 느껴보세요. 다리, 팔 등의 다른 근육들은 편안하게 이완상태로 두시고요.

(10초간 실습합니다.)

열을 다 세었다면 이제 긴장을 푸세요. 얼마나 발목이 부드러워졌는지, 긴장과 스트레스가 어떻게 사라졌는지 느껴보세요. 이제 10초간 그 이완 상태를 관찰하면서, 발목 아래 깊은 조직들이 어떻게 긴장으로부터 해방되었는지 느껴보세요.

(10초간 실습합니다.)

좋습니다. 이제, 다리 아래 쪽의 정강이와 종아리로 가보겠습니다. 열을 세면서 이 부분의 근육에 힘을 줘보세요. 열을 세는 도중에 근육에 피로감이 느껴지더라도 10초간 유지해보세요.

(10초간 실습합니다.)

이제 근육에 힘을 빼세요. 어떠한 긴장감도 들지 않도록 편안한 상태로 두세요. 완전한 이완과 휴식입니다. 10초간 해보세요.

(10초간 실습합니다.)

이제 허벅지와 무릎을 포함한 다리의 근육들에 힘을 줘봅니다. 열을 세면서 그 동안에는 느껴보지 못했을 수 있는 모든 근육들을 느껴봅니다. 근육에 힘을 주면서 팽창되도록 해보세요. 근육이 점차 피로해지겠지만 가능한 만큼 그 상태를 유지해보세요.

열까지 버티고 나서 힘을 빼세요. 완벽한 이완과 긴장으로부터 자유로워집니다. 매일 당신이 움직이는 동안 열심히 일한 두 다리입니다. 이제는 평화를 찾아서 고된 일로부터 해방되어 휴식을 누리고 있네요. 무릎과 다리의 근육 깊숙한 곳까지 들어가보세요. 이 휴식과 이완의 느낌을 몇 초간 더 느껴보십시오.

(10초간 실습합니다.)

다음은, 몸으로 올라가봅니다. 열을 세면서 엉덩이와 골반 부위에 힘을 줘보세요. 너무 과하지 않게 하지만 가능한 만큼 최대로 힘을 줘봅니다. 얼마나 긴장감이 느껴지는지, 얼마나 많은 근육들이 그 안에 있는지 느껴보세요. 아마도 뼈대, 골격에서 느껴지는 긴장감까지 느낄 수 있을지도 모릅니다. 이 모든 느낌이 다 느껴지는지 한 번 살펴보세요. 좋습니다.

자 이제, 열을 다 세었으면 완전히 힘을 빼세요. 다음 10초간은 이 부분이 스트레스로부터 해방된 것에 주목해보십시오. 근육을 이완하면서 이 부분에 있는 긴장감이 서서히 빠져나가며 평화로움과 차분함을 찾는 것을 느껴보세요. 아무 긴장감이 없는 이 상태를 즐겨보십시오.

(10초간 실습합니다.)

이제 10초 동안 복부와 그 뒤쪽인 등 아래쪽에 힘을 줘보세요. 복부의 측면에도 힘을 주면서 이 부위 전체에 힘을 줘보세요. 이 동작이 호흡에도 어려움을 가져오는 것을 느껴보세요. 몇 초간 더 지속해보세요.

(10초간 실습합니다.)

이제, 완전히 긴장을 푸세요. 등 뒤쪽과 척추의 근육들이 긴장에서 자유로워지면서 자유롭게 호흡하는 것이 얼마나 좋은지 느껴보세요. 몇 초간 이렇게 하신 후 경직되어 있던 부분을 점점 풀어주며 편안해지도록 해주세요.

(10초간 실습합니다.)

더 위로 올라와서, 열을 세면서 가슴과 등 위쪽의 근육을 긴장시켜보세요. 힘을 꽉 주면서 얼마나 조여지는지 느껴보세요. 이렇게 하면서 배로 계속 호흡하세요. 흉곽과 등, 어깨뼈에서 느껴지는 긴장감을 느껴보세요. 이렇게 5초간 더 지속합니다.

(10초간 실습합니다.)

이제 이완시켜보세요. 얼마나 그 긴장감이 빠르게 사라지는지 느껴보세요. 몸에서 긴장감을 풀면서 발에서 가슴까지 얼마나 편안해지고 차분해지는지 느껴보세요. 이 느낌을 몇 초간 더 즐겨보세요.

(10초간 실습합니다.)

이번에는 두 주먹을 10초간 꽉 쥐어보겠습니다. 이 긴장감이 손가락과 손목에 어떻게 퍼져나가는지 느껴보세요. 이 느낌이야말로 우리가 매일 긴장하고 초조할 때 느끼는 감정과 비슷할 것입니다. 이 느낌이 익숙하신가요? 열을 셀 때까지 계속해보세요.

(10초간 실습합니다.)

다음 10초간은 손가락과 손가락 관절, 손목의 긴장감을 이완시키고 펼쳐보세요. 혈액이 다시 순환하는 것이 느껴지나요? 조여진 상태를 계속 느끼면서 살아야 하는 것이 아니어서 얼마나 좋은지 느껴보세요. 각각의 손가락에서 긴장감이 사라지는 것을 느껴보세요. 각각의 손가락 끝에서 에너지가 흘러나오는 것처럼 자연스럽게 긴장감이 풀어지는 것을 느껴보세요. 아무런 긴장감과 조임이 느껴지지 않을 때까지 말이죠.

이제 두 팔로 가봅니다. 이두박근과 팔꿈치에 힘을 줘서 근육들이 커지고 단단해지는 것을 느껴보세요. 이렇게 하면서, 두 손에는 완전히 힘을 빼세요. 이 부위의 단단한 긴장감과 근육 통증을 느껴보세요. 몇 초간 계속합니다.

(10초간 실습합니다.)

이제, 두 팔을 내려뜨리고, 힘을 주지 않았을 때의 다른 느낌을 느껴보세요. 몇 초간 이 편안함과 유연함을 느껴보세요.

(10초간 실습합니다.)

천천히 두 팔을 펼치면서, 10초간 팔 뒷부분인 삼두박근에 힘이 들어가는 것을 느껴보세요. 이두박근의 반대편입니다. 열을 세면서 이 부분이 어떻게 단단해지는지 느껴보세요. 몇 초간 더 이 근육의 늘어남과 피로감을 느껴보세요.

(10초간 실습합니다.)

팔을 내리고 이완하면서 긴장감을 내려놓는 기분을 느껴보세요. 이제 그 긴장감을 느끼지 않아도 됩니다. 근육도 쉬기를 원할 겁니다.

(10초간 실습합니다.)

이번에는 목과 어깨 윗부분의 근육을 무리하지 않고 늘려봅니다. 그 긴장감이 어떻게 느껴지십니까? 열을 세면서 지속해보세요.

(10초간 실습합니다.)

시간이 되면 바로 긴장을 푸시고, 목과 어깨가 그 긴장감을 내려놓도록 해주세요. 바닥이나 침대, 여러분이 누워있는 그곳에서 목과 어깨의 근육이 더 깊숙이 이완되도록 편안하게 해주세요.

이제, 얼굴과 두개골을 제외하고 몸 전체가 이완되었습니다. 10초간 이 부분을 조여보겠습니다. 얼굴로 주먹을 쥔다고 상상하면서 눈과 볼에 힘을 주면서 동시에 턱은 크게 열어보세요. 입은 벌리고 있지만 입술에는 힘을 줍니다. 귀와 두피에도 힘을 줘서 당겨보세요. 얼굴에 이렇게 많은 근육들이 있는지 미처 모르셨을 겁니다. 지금은 그 모든 근육들을 느껴보면서 힘을 주세요. 좋습니다.

(10초간 실습합니다.)

이제 머리 전체와 얼굴이 점점 부드러워진다고 상상하면서 눈꺼풀과 눈썹에도 힘을 풀어주세요. 입과 턱도 편안하게 해줍니다. 얼굴 피부 전체가 마사지를 받고 난 것처럼 평온한 감각과 함께 부드럽고 편안해졌을 겁니다. 귀와 두개골도 긴장감에서 자유로워졌을 것입니다. 머리와 얼굴에 어떤 긴장감이 남아 있다면, 몸 전체를 편안하게 이완하여 휴식을 취할 수 있도록 해주세요.

잠시 동안 이 느낌을 즐겨봅니다. 이제 긴장감을 느낄 필요가 없습니다. 이제 휴식을 취하는 시간이기 때문입니다. 언제든지 원할 때면 이 몸의 이완 활동을 할 수 있습니다. 또는 이 활동을 얼굴 전체가 아닌 부분을 긴장시켰다가 풀어주는 방식으로 바꿔서 할 수도 있습니다.

자유롭게 변화시켜보고 나에게 맞는 방법을 찾아보세요.

이 근육 이완 활동을 마치고 나서, 잠을 청하기 위한 마음 이완 활동을 할 수도 있습니다. 진정 효과를 주는 단어들로 '차분한, 평화로운, 편안한, 사랑하는'을 권합니다. 호흡을 들이쉬고 내쉴 때마다 이 단어를 마음 속으로 반복하는 것입니다. 그렇게 하면 마음속에 있었을지도 모르는 바쁜 생각들이나 걱정, 근심 등이 차단되어 숙면을 도울 것입니다. 이전에 추천해드렸던 다른 단어 중에 하나를 선택해서 해보거나, '잠에 든다'라는 표현을 할 수도 있습니다. 아니면 그냥 '휴식' 또는 '편안한 잠'이라고 말할 수도 있습니다. 마음이 딴 곳으로 갈 때는 호흡을 시작하고 끝내면서 의도를 설정하고 다시 이 의도에 주목해보세요.

이 수면 이완 활동이 도움이 되기를 바랍니다. 꾸준히 실천해보고 침실로 들어가기 전부터 편안한 휴식을 위한 의도를 설정하고 집중해보세요. 자유롭게 방식을 변화시켜보고, 나에게 맞는 조합으로 만들어보세요.

매일의 일상에 마음챙김 더하기

일상의 많은 활동들은 마음챙김을 인지하고 실습하게 해주는 기회가 됩니다. 마음챙김에 더 많은 노력을 기울일수록 이는 점점 나의 제2의 본성이 될 것입니다.

듀크 대학교의 마음챙김 기반 스트레스 감소 프로그램(MBSR, Mindfulness-Based Stress Reduction Program) 책임자인 제프리 브랜틀리 박사가 제안하는 매일의 일상에서 마음챙김할 수 있는 방법들을 소개하겠습니다.

1) 적어도 하루에 한 번은 마음챙김 식사를 합니다. 그것이 몇 입이든 간단한 간식이라도 마음챙김을 행동으로 옮기는 것이 익숙해지는 데 도움이 될 것입니다.

2) 매일 적어도 한 가지의 활동을 선택하여 마음챙김을 연습하는 데 활용해보십시오. 어떤 것이든 좋습니다. 샤워하기, 산책하기, 설거지하기 등 어떤 활동이든 상관없습니다. 그저 마음챙김이 될 수 있을 정도로 천천히 이런 활동들을 하게 되면 나의 생각, 느낌, 감각들을 인식하는 데 충분할 겁니다.

3) 매일 일어나는 상황들에 대해 더 주의를 기울여보세요. 여행, 일, 정원 가꾸기, 모르는 사람들과의 교류, 매일의 일몰을 관찰하면서 어떤 일들이 일어나는지 세세하게 인식해보세요.

진정으로 주의를 기울이게 되면, 상상한 것보다 훨씬 많은 시간이 우리에게 주어져 있다는 것을 발견하게 될 것입니다.

예를 들어, 줄을 서서 기다릴 때 무엇을 하세요? 스마트폰 위의 손가락이 아무런 이유 없이 어지럽게 돌아다니고 있지는 않나요? 근심이나 걱정에 사로잡혀 있지는 않나요? 함께 줄 서있는 사람들에게 주의를 기울여보면 어떨까요? 한 사람 한 사람 어떤 사람일지를 의식적인 관심으로 주목해보는 겁니다. 그 전에는 관찰하지 못했던 주변의 환경을 관찰해보는 것도 좋습니다.

하버드 의과대학 심리학과 교수 로널드 D. 시겔은 매일의 마음챙김 실습에 대해서 다룬 책 《마음챙김 해결책(The Mindfulness Solution)》에서 매일의 근심이 더 커지고 저항하기 힘든 상태까지 갈 것으로 예상될 때 마음챙김이 도움 될 수 있는 다양한 방법들을 제안하고 있습니다.

로널드는 마음이 불안하거나 들뜰 때 걷기 명상을 할 것을 권합니다. 움직이는 것이 근육의 긴장을 풀어주는 효과가 있기 때문입니다. 앉아서 하는 명상이 내면에 주목하는 것이라면 걷기 명상은 외적인 부분에 집중하는 것입니다. 그러나 이 상황에서 더 유용한 방법은 단순히 자연을 관찰하는 것이라고 그는 말합니다. 걷기 명상보다 더 외적인 인식을 가능하게 해주는 활동이기 때문입니다.

자, 당신이 나무들 사이에 있다고 생각해보세요. 나무 꼭대기부터 시작해서 가지와 잎의 세세한 부분까지 살펴봅니다. 천천히 내려오면서 나무의 몸통이 땅과 맞닿은 것을 봅니다. 자연의 아름다움이 인간에게로 이어지는 그 모든 것을 느껴봅니다. 그리고 다른 나무로 주의를 돌려봅니다. 그리고 또 다른 나무, 또 다른 나무로 주의를 옮깁니다. 자연스럽게 내 안의 근심과 긴장은 진정될 것입니다.

마음챙김에 관련된 중요 연구자료들

마음챙김 감사(Mindful Gratitude)

4가지 연구에서 저자들은 감사와 관련된 성향의 연관성을 분석하였습니다. 첫 번째 연구는 감사성향에 대한 자기 평가와 관찰자의 평가는 긍정정서, 웰빙, 친사회적 행동과 특징, 종교/영성에 연관이 있다는 것을 밝혀냈습니다. 두 번째 연구는 위의 발견과 동일합니다. 세 번째 연구는 유사한 결과를 보였으며, 감사가 시기와 질투, 물질 만능주의 태도에 반하는 영향을 미친다는 것을 밝혀냈습니다. 네 번째 연구는 이러한 연관성이 지속된다는 증거를 제시합니다.

　　상호감정유발과 도움 요청에 대한 3가지 연구에서 정서적으로 감사하는 능력은 비용이 드는 친사회적 행동을 이끌어낼 수 있다는 점이 나타납니다. 첫 번째 연구에 따르면 감사는 그 노력이 대가가 크더라도 돕는 이의 노력을 높여준다고 밝혀졌습니다.

　　두 번째 연구는 첫 번째 연구에서 감사는 비록 대가가 크더라도 은인을 돕는 노력을 증가시키는 것으로 나타납니다. 세 번째 연구는 이러한 부수적인 효과가 그 상태의 원인을 제대로 인지하게 되면 사라질 수 있다는 것을 밝혔습니다.

　　우리는 감사성향이 참전 용사들의 외상 후 스트레스 장애의 행복추구와 웰빙에 어떤 영향을 미치는지 살펴보았습니다. 또한, 매일의 감사 활동과 매일의 웰빙 활동의 연관성을 분석하였습니다. 매일의 감사는 매일의 웰빙의 각 부문과 연관되어 있었습니다.

Week 4
직장에서의 마음챙김

Week 4
직장에서의 마음챙김

어떤 사람들은 직장생활을 좋아하고 어떤 사람들은 그저 참고 다닐 만하다고 생각하며 일을 하거나 어떤 사람은 직장을 아예 싫어하기도 합니다. 자신이 하는 일을 좋아하면 우리는 몰입하게 되고 이런 최적의 경험이 많아질수록 자신과 삶에 대해 더 좋게 느끼게 되고 더 많은 행복을 표현하게 됩니다. 하지만 이렇게 성취감 넘치는 최상의 상태에서조차도 어느 정도의 스트레스는 존재합니다. 직장생활이 기쁨보다는 난관 또는 악몽 같다고 느끼는 이들의 경우, 스트레스는 정신적 고통과 건강 문제 및 대인관계 문제를 동반한 복합적인 문제일 수 있습니다.

스트레스는 직장에서의 행복에 영향을 주게 되고 스트레스가 적음으로써 얻는 행복은 곧 업무 성과에 영향을 줍니다. 이는 지난 10년 간 경제학자들과 심리학자들이 밝혀낸 새로운 사실이며, 사업과 직장 내에서 발생하는 감정이 실제 대부분의 회사 고위관리자들이 생각하는 것보다 훨씬 더 중요하다는 것을 알려줍니다.

2007년, 미국 심리학회에서 진행한 조사 결과에 따르면 설문 응답자 1,848명 중 3분의 2가 자신의 일이 일상의 스트레스 수준에 큰 영향을 미친다고 답했습니다. 4명 중 1명은 스트레스로 인한 부담감으로 병가를 낸 경험이 있다고 답했습니다. 77%의 응답자들이 지난 달에 피로, 두통, 위장장애, 근육 뭉침, 이갈이, 식욕부진, 불면증 및 성욕 감퇴 등 스트레스로 인한 신체적 증상을 겪었다고 응답했습니다. 그리고 73%의 사람들이 스트레스 때문에 짜증, 분노, 슬픔 및 눈물과 같은 심리적 증상이 있었다고 답했고 43%는 스트레스로 건강에 좋지 않은 음식을 먹거나 폭식을 했다고 말했습니다.

행복 혹은 불행이 어떻게 업무 성과와 연관될까요? 갤럽 매니지먼트 저널과 갤럽에서 2005년 1,000명의 직장인을 대상으로 행복과 웰빙이 어떻게 그들의 업무 성과에 영향을 미치는지에 대한 조사를 진행했습니다. 응답자는 3가지 부류로 나뉘어졌습니다. 1) 응답자의 27%는 일에 집중하며 자신의 업무와 회사에 연대감을 느끼고 열정적으로 일하는 사람들이었습니다. 2) 59%의 사람들은 일에 집중하지 못하고 매일 근무 시간 중 딴 생각을 하며 마음이 다른 곳에 가 있다고 답했습니다. 3) 14%의 응답자는 대놓고 일에 집중하지 않고 생산성을 떨어뜨림으로써 자신의 불행함을 표현하기에 바빴습니다.

"일터에서의 부정적인 감정은 대놓고 일에 집중하지 않는 근로자들의 가정에도 영향을 미친다"라고 갤럽 연구원은 말했습니다. 조사에서 지난 달 직장에서의 스트레스로 인해 3일 혹은 4일 이상 친구들 혹은 가족들에게 안 좋은 행동을 한 적이 있는지 묻는 질문이 있었습니다. 일에 대놓고 집중하지 않는 사람들의 절반 이상(54%), 그리고 집중을 잘 못하는 두 번째 그룹 사람들의 31%는 '그렇다'고 답했습니다(반면, 일에 집중하고 있다고 답한 응답자들은 17%만이 '그렇다'라고 답했습니다). 이 결과는 이전의 조사들의 결과와도 유사합니다.

갤럽의 조사 결과를 미국 전체 노동자로 확대해서 계산해보니 이는 미국 전체의 약 1,920만 명에 달하는 사람들이 대놓고 일에 집중하지 못하는 세 번째 그룹에 속한다는 결과가 나왔습니다. 이러한 생산성 저하로 인해 미국 경제에 미치는 손실이 1년에 적어도 3,000억 달러 정도 될 것으로 추산됐습니다.

이와는 반대로 행복하고 일에 집중하는 사람들은 상사와도 긍정적인 관계를 갖고 새로운 난관과 변화에 더 잘 대처했습니다. 또한, 고용주에게 존중받는다고 느끼며 스트레스를 더욱 효과적으로 해소하고 자신의 삶에 훨씬 더 만족스러워 하는 경향이 있는 것으로 밝혀졌습니다.

심리치료사 리차드 오코너는 최악의 상황에서도 의식을 기울이는 자세를 통해 직장에서의 경험을 향상시킬 수 있다고 말합니다. 오코너는 세상에 몹쓸 사람들이 있듯이 끔찍한 근무 환경도 존재한다고 말합니다. 가장 행복하게 일하는 사람들은 자신이 하는 일이 비록 재미없는 평범한 일이라고 해도 이 일에 대해 자긍심을 가지고 있다는 사실을 알 수 있었다고 합니다. 하지만 많은 일들이 일상화되고 구조화되고 통제됨에 따라 장기적인 스트레스 노출은 정신적 영민함과 우리의 신경체계를 망가뜨릴 수 있습니다.

어떤 직장 환경에서든 분별력 없는 행동은 스트레스, 피로, 소진을 더 악화시키게 됩니다. 병원 및 응급실과 같은 일부 직장 환경의 경우 정신없는 상태에서 내리는 판단 실수로 생명을 위태롭게 할 수 있습니다. 중기계 혹은 전기톱을 함부로 사용하게 되면 어떤 일이 일어날 수 있을지 상상해보십시오. 약간의 딴 생각 때문에 사고 혹은 심각한 부상을 당할 수도 있습니다. 그래서 이와 같은 작업 환경에 '주의!'라고 크게 쓰여져 있는 경우를 흔히 볼 수 있습니다.

스트레스와 소진에 관한 이야기할 때 오코너는 가능할 때마다 일터에서 마음챙김 원칙을 적용하는 노력을 주도적으로 하라고 권합니다. 예를 들면 종종 스트레칭을 한다거나, 점심시간에 산책을 하거나 카페인을 줄이고 허브차를 마신다거나, 명상책을 가져와 한 시간마다 한 장 읽기 혹은 사랑하는 이의 사진 혹은 식물 등으로 내 사무실 자리 장식하기 등을 해볼 수 있겠습니다.

4.1 직장 스트레스에 관해 되돌아 보기

다음의 질문들에 대해 잠시 생각해보고 답변을 작성해보세요.

1. 지금 현재 하고 있는 일에서 느끼는 만족감과 행복을 점수로 표현하면 어느 정도 될까요?

2. 직장에서 받는 가장 큰 스트레스 요인에는 어떤 것들이 있나요? 이런 스트레스들이 업무에 대한 만족감이나 성과에 어떻게 영향을 미치나요? 건강에는 어떤 영향을 미치나요?

3. 이런 상황에서 마음챙김이 어떤 효과를 가져올 수 있을까요?

직장에서의 마음챙김을 위한 5가지 접근법

심리학과 경영 분야에 관한 연구에 따르면 직장에서 마음챙김 연습이 5가지 방식으로 긍정적인 역할을 할 수 있다고 합니다. 첫째, 마음챙김은 혼란스러움을 정리해주는 데 도움을 줍니다. 둘째, 마음챙김은 창조성을 키워주고 셋째, 외부에 대한 관심을 넓혀줍니다. 넷째, 마음챙김은 부정성과 스트레스를 줄여주며 다섯 번째, 의사소통 문제를 해결해줍니다. 각각의 방식을 살펴봄으로써 어떻게 마음챙김을 직장 생활에 통합할 수 있을지에 대한 희망적이고 신선한 시각을 느껴 보시기 바랍니다.

혼란함을 정리해주는 마음챙김

《직장에서 깨어 있기(Awake at Work)》의 저자 마이클 캐롤은 여러 업무 환경에서 나타나는 혼란스러운 상황에 대해 다음과 같이 설명하고 있습니다. "우리의 모든 노력에도 불구하고 일은 정리가 되지 않을 것입니다. 재무보고서나 재무제표는 뭔가 정리되어 있는 듯 보입니다. 일상적으로 반복되는 일이나 일정은 뭔가 도움이 되는 듯 하지요. 컴퓨터 시스템과 관리 능력으로 어떤 면에서는 예측 가능한 일도 있습니다. 하지만 우리가 처음에 하고자 하던 그대로 결과가 나오는 경우는 거의 없습니다. 일이란 그 자체로 예측 불가능하고 난잡하고 혼란스럽고 예기치 않은 일들로 가득합니다."

마이클 캐롤은 우리의 일에 완전히 깔끔하고 정리된 상황은 있을 수 없기 때문에 삶과 마찬가지로 일도 정리되지 않는 뒤죽박죽의 상태일 수 있음을 받아들이는 의식적인 태도가 필요하다고 말합니다. 긴장을 풀고, 모든 걸 통제하려는 욕심에서 벗어나 일상이 우리에게 던져주는 깜짝 선물을 받아들일 여유를 가지라고 말합니다. 마음챙김 연습을 통해 우리는 전체를 볼 수 있는 중립적인 시각을 가질 수 있습니다. 즉, 삶의 혼란스러움을 조금은 가볍게 웃으며 수용하기 위해 필요한 시각을 가져보는 것이지요. 이는 일이 우리의 정신적 삶의 중심에 일부가 될 수 있는 기회가 되기도 합니다.

아이러니하게도 세세하게 관리하고 끊임없이 통제하려는 욕심을 내려놓으면 혼란스러워 보이던 상황이 정리되어 가는 놀라운 일이 일어나게 됩니다. 일에 의식적으로 몰입하려는 마음에서 정리가 시작됩니다. 동료들이 일에 의식적인 태도로 임하면 임할수록 정리의 시너지는 혼잡한 상황과 마음을 없애 줄 수 있습니다.

4.2 통제할 수 없는 것에 대해 되돌아보기

다음의 질문들에 대해 잠시 생각해보고 답변을 작성해보세요.

1. 직장에서 여러분이 통제할 수 없는 모든 사항들을 적어 보세요. 예를 들면 마감 시간, 상사의 기분, 비생산적인 동료 직원, 평가 절차, 근무 시간 등이 있을 수 있겠지요.

2. 직장에서 혼란 혹은 통제불능의 상황을 받아들인다면 어떻게 될까요? 그렇게 함으로써 무엇을 얻을 수 있을까요?

3. 개인 사무실, 책상 혹은 근무지 등 여러분이 통제할 수 있는 사항들은 어떻게 정리할 수 있을까요?

창조성을 키워주는 마음챙김

하버드대학의 심리학자 앨랜 랭어는 모든 마음챙김의 유익함을 실질적으로 직장에서 찾을 수 있고 활용할 수 있다고 말합니다. 랭어 박사의 말에 따르면 의식적인 상사나 직원들은 직장에서의 문제들이 심각해지거나 큰 피해를 주기 전에 미리 파악하는 사람들이라고 합니다. 핵발전소 계기판의 경미한 변화이든 하버드 경영대학의 테오도르 레빗이 말한 '진부함의 그림자'이든 변화의 전조는 경고이면서 의식적인 사람들에게는 기회일 수 있다고 말합니다.

고착된 마음가짐은 창조성을 시들게 할 뿐만 아니라 갈등과 피로, 소진을 일으킬 수 있습니다. 한계를 정하는 태도도 창조성을 죽이는 또 다른 형태이며 이는 순응을 이끌어 내면서 혁신, 융통성, 생산성을 사장시키는 결과를 가져옵니다. 이러한 태도는 새로운 방식을 찾기 어렵게 만듭니다. 오랫동안 인류가 보편적 사실로 널리 믿어 왔던 정해진 한계에 대한 스토리가 있습니다. 바로, 인간이 1마일(약 1.6km)을 4분 이내에 뛴다는 건 물리적으로 불가능하다는 것이었죠. 영국 옥스퍼드 의대생이자 아마추어 육상선수인 로저 배니스터가 이를 깨기 전까지는 널리 퍼져 있는 믿음이었습니다.

창조성을 막을 수 있는 또 다른 중요한 요소는 맥락입니다. 일에 대해 자신이 어떻게 인식하는지에 대한 맥락이 변하면 느낌과 행동도 완전히 달라질 수 있습니다. 나의 일이 자신과 회사뿐만 아니라 사회에 어떤 유익을 주는지에 관점에서 자신의 역할을 재점검해본다면 이는 조직구조 내에서 자신의 업무를 바꾸거나 또는 커리어를 바꾸게 할 수도 있습니다. 여러분이 하고 있는 일의 맥락에 대한 관점을 바꿔보십시오. 그러면 지루했던 일들이 신나고, 창의적이며 열정적인 일로 바뀔 수 있습니다. 기업가의 경우 의사소통 기술과 혁신의 욕구를 감지하는 능력을 키우는 데 마음챙김이 유용할 수 있습니다. 문제 해결에 마음챙김의 기술을 적용하면, 해답을 억지로 짜내기보다는 이에 대해 '깊이 생각해보고 내려 놓는 방식'으로 어려움을 보는 전체 맥락을 변화시킬 수 있습니다. 스트레스를 유발시키는 대신 문제를 항상 기회로 보는 시각의 전환은 열정과 열의를 만들어냅니다. 마음챙김으로 내 안의 객관적 관찰자 시점을 통해 고정되고 사후 반작용적인 마음에서는 볼 수 없었던 새로운 방향, 상호연계, 시너지를 감지할 수 있게 됩니다. 하버드 경영대에서 안식년을 보내던 랭어 교수와 동료들은 모든 기업가들과 관리자들의 책상에 새겨 놔야 할 슬로건을 내놓았습니다.

'마음놓침(Mindlessness)은 현재의 문제에 과거의 해결책을 적용하는 것과 같다.'

'마음챙김(Mindfulness)은 미래의 난관을 피하기 위해 현재의 필요에 맞춰 조율하는 것이다.'

4.3 마음챙김 우산 기술

다음의 질문들에 대해 잠시 생각해보고 답변을 작성해보세요. 일이 잘 풀리지 않을 때 새로운 해법을 찾을 수 있는 간단하고 재미있는 방법입니다.

– 종이나 화이트보드에 펼쳐진 우산 모양을 그려 보세요.

우산 아래 쪽에 깊이 생각해보고 싶은 주제나 생각들에 관해 떠오르는 모든 것들을 적어보십시오. 마음 가는 대로 따라가면 됩니다. 검열 작업 없이 생각나는 대로 적어보세요. 떠오르는 모든 생각들이 우산 아래로 들어갈 수 있게 해주세요.

적은 것에 대해 어떤 판단도 하지 마세요. 그래야만 무심코 가지고 있었던 한계를 정하는 버릇이나 마음가짐 그리고 맥락들을 피할 수 있습니다. 스스로 창의적이고 자유롭게 생각할 수 있도록 마음을 열고 심지어 어이없는 생각까지도 펼칠 수 있는 길을 열어주세요.

이렇게 함으로써 여러분 우뇌의 창의적 통찰력을 충분히 활용할 수 있습니다. 이 창조성을 위한 마음챙김 연습을 자신을 위해서 혹은 그룹 활동으로 적용해볼 수 있습니다. 떠오른 아이디어들이 잘 맞을지 시도해보고, 어떤 것들이 상황에 맞을지 살펴보십시오.

외부에 대한 주의력을 넓혀주는 마음챙김

최근 경영대학원에서 뜨고 있는 연구 주제는 바로 관리자들이나 직원들이 회사 구조 내에서 어떻게 자신의 주의력을 집중하는지에 관한 것입니다. 그리고 마음챙김이 개인의 업무 수행에 미치는 영향을 주로 다루고 있습니다. 역동적인 업무 환경에 적용되는 마음챙김 용어를 '확장된 외부 주의력'이라고 말합니다.

내부시각을 이용한 인지는 선택적 집중을 할 수 있는 능력을 키워주기 때문에 필요에 따라 의식을 확장하는 데 활용될 수 있습니다. 라이스 경영대학원 교수인 에릭 데인은 휴스턴의 소송 변호사들을 대상으로 '확장된 외부 주의력'을 유지하는 것의 이점을 연구하였습니다. "소송이라는 역동적인 업무 성격 때문에 변호사들은 효과적인 결정을 내리기 위해 법원 환경에서 얻을 수 있는 가능한 모든 정보를 얻어야 합니다. 이를 위해 마음챙김이 핵심적인 역할을 하는 것으로 나타났는데 왜냐하면 이를 통해 변호사들은 다양한 현상에 집중할 수 있기 때문입니다. 자신의 논지나 다른 설득기술을 언제 어떻게 펼쳐야 할지와 같은 판단을 내려야 할 때 매우 중요한 요소들, 예를 들어 판사나 배심원들 및 상대편 변호사의 반응 등에 주의를 기울일 수 있다는 뜻입니다."

회사에서는 관리자들이 예기치 못한 문제에 대처해야 할 때 '확장된 외부 주의력' 형태의 마음챙김이 도움이 될 수 있습니다. 또 상호 연관된 결정을 그때 그때 내려야 할 때도 도움이 되는데 당장 눈앞에 급급한 불 끄기에 집중하는 동시에 위기에 대응하는 방식이라고 할 수 있습니다. 이렇게 즉각적인 대응을 성공적으로 할 수 있느냐 없느냐는 지금 현재 일어나고 있는 상황에 주의를 기울이고 깨어 있는지 여부에 달려 있습니다.

4.4 주의력 확장에 대해 되돌아보기

다음의 질문들에 대해 잠시 생각해보고 답변을 작성해보세요.

1. 과거에 위기가 닥쳤을 때 자신의 주의력을 확장시킬 필요가 있었던 때는 언제였나요? 그 당시 침착함과 평정심을 얼마나 잘 유지하였나요?

2. 마음챙김 연습을 통해 당신이 선택적이고 유익한 방식으로 인지역량을 확장하여 혼란스러움이나 충동적 반응 없이 대응할 수 있도록 하는 데 어떻게 도움이 되었나요?

부정성과 스트레스를 줄이는 마음챙김

2008년 경영윤리 관련 학술지(Journal of Academic and Business Ethics)에 게재된 직장 환경에서의 마음챙김에 관한 논문에서 마음챙김은 관리자나 직원들이 잘 활용할 경우 스스로를 망치는 생각이나 비합리적인 생각들의 흐름을 끊고 자신들의 업무에 더 집중할 수 있도록 한다는 결론을 냈습니다. 마음챙김을 통해 우리는 정보의 홍수 속에서 더 잘 대응하고 보다 현실적이고 건강한 방식으로 변화를 수용할 수 있으며 직장에서나 개인의 삶에서 모두 더 큰 성취감을 실현할 수 있다고 합니다. 뿐만 아니라 스트레스 감소로 직원들의 만족도가 올라가고 일에 대한 열정과 생산성을 향상시킬 수 있다고 말합니다. 이 논문의 저자는 전체적인 생산성 향상을 위해 마음챙김이 효과를 발휘하기 위해 중요한 세 가지 마음가짐을 제시하고 있습니다. 첫째는 인생이 불공평함을 수용하는 것이고 둘째는 어떤 상황에서든 진실을 대하는 법을 배우는 것 그리고 셋째는 자신의 태도를 선택할 능력과 이를 바꿀 능력이 스스로에게 있음을 인지하는 것입니다.

이 세 가지가 의미하는 바는 어떤 상황에 대해 '만약에 이랬더라면 어땠을까'의 시각으로 보는 것이 아니라 '있는 그대로의 상태'를 인정하면서 살아가는 것이 더 쉽다는 사실입니다. 상황들을 그저 있는 그대로 인정하고 바라봄으로써 일에 대해 일상적으로 느끼는 스트레스와 부정적 감정이 크게 줄어들고 심지어는 아예 사라질 수도 있습니다. 직원 혹은 관리자가 수행중인 일에 대해 좋은 느낌을 가지게 되고 회사의 사명에 동참하고 있다고 느끼며 스트레스가 줄어들게 되면 부정적인 생각들로 인해 이런 목표의식이 흔들리는 경우가 많지 않게 됩니다.

물론 여전히 다른 차원의 스트레스가 존재하긴 합니다. 이는 강박관념 또는 집착으로 인한 스트레스입니다. 일과 커리어에 대한 강박관념은 두 가지 경우로 나뉩니다. 첫 번째는 강박에 사로잡혀 일을 해서 삶의 균형과 마음의 우선순위를 맞춰야 하는 경우이고, 두 번째는 아예 일을 피하거나 쉬운 일만 맡고자 하는 경우입니다. 후자의 경우에 속한 사람들은 종종 실패에 대한 두려움을 안고 사는 사람들입니다. 이들에게 마음챙김은 업무태만이 낮은 자존감을 회피하기 위한 방어기제라는 사실을 인정하는 기회가 될 수 있습니다.

4.5 스트레스 극복에 대해 되돌아 보기

다음의 질문들에 대해 잠시 생각해보고 답변을 작성해보세요.

---

1. 직장에서 어려움에 대처하는 자신의 태도를 어떤 식으로 바꿀 수 있었습니까?

2. 직장 내에서 보다 균형 있는 삶을 위해 마음챙김의 영역을 어떻게 정했나요?

(예: 현재 업무를 이미 끝낼 수 없는 상태에서 추가로 들어오는 프로젝트를 거절한다. 업무를 집으로 가져와서 한다. 혹은 가정생활을 줄이는 방식으로 일을 한다 등)

의사소통 문제를 해결하는 마음챙김

세계적인 리더십 컨설턴트 존 발도니는 그의 저서 《Lead Your Boss》에서 조직은 스스로 생각하고 주도적으로 행동하며 좋은 일을 실현시키는 사람들로 채워져 있어야 한다고 말합니다. 이와 같은 행동들로 각 직급의 관리자들은 전략적으로 참여하고 기술적으로 경영할 수 있게 된다고 합니다. 중간 관리자에서 고위 관리자까지 자유롭게 의사소통을 할 수 있으려면 개방성과 신뢰가 필요합니다. 문제는 개방성과 신뢰를 쌓을 수 있는 분위기를 어떻게 만들어 내는가입니다.

2000년, 갈등관리 연구에서 원활하지 못한 의사소통이 어떻게 무의식적 비난의 순환을 발동시키는지를 보여주고 있습니다. 이러한 비난의 순환이 발동하는 동안 각 주체들은 상대방의 잘못에만 집중하게 되고 상대의 이야기를 잘 들으려 하지 않으며, 문제에 대한 자신의 책임은 간과하게 된다고 합니다. 탁월한 갈등 관리 기술은 갈등 행동에 대한 마음챙김을 늘리는 것들이라고 할 수 있습니다.

의사소통 문제를 예방하는 데 도움이 되고 갈등해소에도 중요한 역할을 하는 것 이외에도 마음챙김 듣기는 직장 환경에서 효과적인 고용과 근속에도 도움이 될 수 있습니다. 이는 세 가지 면에서 주로 도움이 됩니다. 첫째, 면접 측면에서 의식적인 듣기는 꼭 필요한 자질이면서 면접관과 구직자 모두에게 득이 될 수 있습니다. 둘째, 신입 직원들의 기대 측면에서 마음챙김 교육은 신입 직원들의 비현실적인 기대를 미리 막아서 이것이 불만족과 부정성으로 이어지는 것을 예방할 수 있습니다. 셋째, 성과 피드백 측면으로 관리자나 직원의 의식적인 피드백은 좋지 않은 성과의 원인과 해결책에 대해 모두 더 심도 있게 생각할 수 있도록 도움을 줍니다.

엘렌 랭어와 미니 몰도배누는 사회문제 학술지에서 '마음챙김 의사소통은 상당 부분 마음챙김 듣기이다. 즉, 상대의 이미 정해진 특징들에만 주의를 기울이게 만드는 고정관념 없이 상대방의 말을 있는 그대로 들어준다는 의미이다'라고 정리했습니다. 또 규모가 큰 조직의 경우 비록 다른 이의 행동에 대해 이미 내린 판단을 근거로 대응하기 바쁜 게 현실이지만 그래도 다른 시각으로 이를 봐 줄 수 있는 인지적 기술을 키우기 위해 마음챙김 프로그램이 필요하다고 주장했습니다.

　　　직장에서의 마음챙김 교육은 직장 내에서 의사소통 문제를 줄일 수 있는 다른 많은 기회를 제공합니다. 그 과정에서 스트레스와 부정성을 줄이고 생산성 저하도 완화시켜 줄 수 있습니다. 관리자와 직원들과의 관계도 마음챙김을 통해 재정립될 수 있고 다양한 스트레스 감소, 조율 및 마음챙김 훈련들과 함께 관계가 개선될 수 있습니다. 문화적 배경이 다른 직원들 사이의 관계에서도 같은 효과를 얻을 수 있습니다.

4.6 의사소통 문제 해결에 대해 되돌아 보기

다음의 질문들에 대해 잠시 생각해보고 답변을 작성해보세요.

1. 직장에서 어떤 의사소통의 어려움을 겪고 있나요?

2. 직장에서의 오해를 줄이는 데 마음챙김 연습이 동료들에게 어떤 도움이 될 수 있을까요?

직장에서의 마음챙김 전환점

직장에서 전환점을 알아차리는 방법을 안다면 마음챙김을 일상에서 활용하는 데 도움이 될 수 있습니다. 이러한 의식적 순간은 따로 시간이나 노력이 필요하지 않지만 이를 통해 스트레스가 줄어들고 매일 매일이 더 충만하고 의미 있는 시간이 될 수 있습니다.

출근시간

출근 길에 매우 초조해지는 현상은 그리 드문 일이 아닙니다. 어떤 사람들은 실제 출근 길에 차에서 공황장애로 인한 발작을 경험하기도 합니다. 다행히도 마음챙김의 핵심은 지금 현재에 머무르기입니다. 직장에 가기도 전에 마음 속에 있는 업무에 집중하는 것이 아닙니다. 운전 중이라면 핸들 위에 손과 의자에 앉아있는 당신의 몸에 집중해보세요. 기분을 끌어올려 주는 음악을 들어도 좋습니다. 하지만 운전을 하든 대중교통으로 가든 또는 걸어서 가든 출근 중에는 마음챙김을 활용해서 현재에 집중해보시기 바랍니다. 출근길에서 지금 주변에서 발견할 수 있는 기쁨들을 살펴보세요. 다른 경로로 출근을 해보는 등 호기심을 발동해보셔도 좋습니다.

업무 시작 시간

업무에 앞서 보다 부드러운 시작을 위해 따뜻한 차나 커피를 한 잔 즐기는 것과 같은 작은 의식을 만들어 볼 수 있습니다. 다른 이들과 어떻게 인사하는지에 따라 직장에서 느끼는 연대감이 달라질 수 있습니다. 또는 오늘 하루 이루고 싶은 것에 대한 의지를 밝히거나 내가 하는 일이 나와 다른 이들에게 어떤 도움이 될지를 정리해보는 것도 괜찮겠지요.

쉬는 시간

휴식이야말로 마음을 보듬을 수 있는 훌륭한 전환점이 됩니다. 밖으로 잠깐 산책을 나가서 나무나 하늘 또는 풀만 봐도 마음이 편안해질 수 있습니다. '바디 스캔'을 간단히 연습해 보거나 그냥 심호흡만 해도 좋습니다. 이 시간에 감사일기를 적는 것도 좋지요. 이를 통해 보다 균형 잡힌 마음 그리고 감사하는 마음가짐으로 업무에 되돌아올 수 있습니다.

회의 시간

불확실성과 직면할 때면 우리는 더 많은 불안감과 스트레스를 느낍니다. 회의 시간이 이런 시간이라면 회의하러 가는 길에 '마음챙김 걷기'를 해보세요. 보통 속도로 마음챙김 걷기를 할 수 있어서 다른 사람들은 여러분이 한 걸음 한 걸음 몸의 움직임을 느끼며 온전히 현재에만 머무르는 연습을 하고 있다는 사실을 눈치채지 못할 겁니다. 회의 시간 동안에는 '기분 조율하기'와 '판단하지 않고 관찰하기'를 연습해보세요. 진실되고 친절한 방식으로 나의 생각을 다른 이들과 나눌 수 있는 자유를 스스로 누려 보세요.

점심 시간

컴퓨터나 이메일 답변 등 다른 일을 하면서 점심을 먹는 사람들이 많습니다. 하지만 이는 소중한 음식을 그저 몸과 마음이 돌아가는 데 필요한 연료 정도로 격하시키는 행동입니다. 음식 심리학자이자 연구가인 브라이언 완싱크는 "우리가 폭식하는 이유는 배가 고파서가 아니라 가족과 친구, 포장과 접시, 이름과 숫자, 라벨과 조명, 색과 양초, 모양과 향, 산만함과 거리, 선반과 용기 등등 때문입니다. 우리는 대부분 우리의 식사량에 영향을 미치는 요소들에 대해 전혀 모르고 식사를 합니다." 정신을 다른 데 두고 식사를 하면 음식의 맛을 느낄 수 없고 이는 폭식의 주요 원인이 됩니다. 마음챙김 식사는 이를 바꾸는 과정입니다. 왜냐하면 이를 통해 나와 음식의 관계를 바꾸어 놓기 때문입니다. 직장에서 어떻게 하면 영양가 있는 방식으로 식사할 수 있을지 생각해보십시오. 마음챙김 식사에 대한 책들도 많이 나와 있습니다. 근무 시간에 마음챙김에 집중할 수 있는 좋은 방법입니다.

퇴근 시간

이때는 오늘 하루 내가 이룬 것과 인간관계를 되돌아볼 수 있는 시간일 수 있습니다. 예를 들어 다른 사람들과 웃으며 즐겁게 보낸 순간이 있었는지 생각해보십시오. 퇴근길이 근무 시간에 쌓였던 긴장감을 풀어 주는 시간이 될 수 있도록 해보세요. 그리고 직장에서 필요했던 기술들도 이제 놓아줄 시간입니다. 통제하려는 마음, 효율성, 신속함, 깔끔함 등이 가정에서는 항상 필요하지 않습니다. 이와 같은 것들을 가정에서도 요구한다면 이는 직장모드에 계속 갇혀 있어서 새로운 환경으로 바꾸어 유연하게 적응하는 능력이 없다는 뜻입니다.

4.7 전환점에 대해 되돌아보기

다음 질문에 대해 생각해보세요.

---

1. 직장에서 어느 전환점에 가장 스트레스가 크고 관리하기 어려웠나요?

2. 힘들고 스트레스 받는 전환점에 어떻게 마음챙김을 활용했나요?

직장에서의 마음챙김에 대한 주요 연구 내용

보건 분야 종사자 대상 마음챙김 기반 인지 태도훈련 연구

이 시범 연구는 보건 분야 종사자를 대상으로 새롭게 개발된 마음챙김 기반 인지 태도훈련 프로그램의 실행 가능성과 결과를 조사하였습니다. 이 프로그램은 보건 분야 종사자들이 개인 삶 또는 일에서 받는 스트레스로 인해 발생하는 부정적인 영향을 줄이고 나아가 개인의 행복한 삶을 증진하고 간병인과 환자와의 관계 관리를 더 잘 할 수 있도록 고안되었습니다. 이 프로그램의 참가자들은 과정 수료 후에 모든 평가 기준에서 중요한 긍정적 변화를 보여 주었습니다. 또한 이러한 긍정적인 변화가 3개월 후 평가에서도 지속되었습니다.

마음챙김 기반의 스트레스 감소 프로그램(MBSR) 연구

마음챙김 기반의 스트레스 감소(MBSR: Mindfulness-Based Stress Reduction) 프로그램은 스트레스 수위가 높은 근무 환경에서 스트레스에 대처할 수 있는 법을 배울 수 있는 방법 중 하나일 수 있습니다. 치료군과 대조군으로 나누어 치료군의 근로자들은 MBSR 훈련에 참여를 하였고 대조군의 사람들은 이러한 과정을 기다렸습니다. 치료군 그룹은 긍정적인 스트레스 대처 전략이 증가하였고 부정적인 대처 전략은 줄어들었습니다. 82%의 참가자들이 자신의 개인 목표를 이루었다고 답했습니다.

마음챙김 기반의 스트레스 감소 프로그램과 건강 관계 연구

MBSR은 체계화된 그룹 프로그램으로 신체, 심신, 정신 질환과 관련된 고통을 경감시키기 위해 마음챙김 명상을 활용합니다. 이 접근법은 더 의식할수록 현실 인지도 더 잘 할 수 있고 부정적 영향은 줄이고 활력을 살리고 대처를 잘 할 수 있도록 해준다는 사실을 전제로 합니다. 지난 20년 간 많은 연구보고서가 이러한 주장을 뒷받침하고 있습니다. MBSR에 관한 출간 혹은 미출간된 연구 문헌에 대해 종합적인 평가와 메타 분석을 해 본 결과 MBSR이 다양한 범위의 사람들의 임상적 혹은 비임상적 문제를 해결하는 데 도움이 될 수 있다고 합니다.

Week 5
가정에서의 마음챙김

Week 5
가정에서의 마음챙김

오래된 노래의 가사처럼 집이 우리의 마음이 머무는 곳이라면 집은 매일 마음챙김을 시작해야 하는 곳이라고도 할 수 있습니다. 집은 마음챙김을 습관화할 수 있는 신성한 장소이자 가족과 친구들에게 처음으로 마음챙김의 예를 보여줄 수 있는 곳이기도 합니다.

생각과 행동의 명확함과 단순함은 마음챙김의 핵심입니다. 하지만 관계보다는 물질에 더 집중하게 되는 가정에서의 습관들과 이 접근법이 잘 맞지 않을 수도 있습니다. 특히 홈쇼핑에서부터 대형 마트까지 모든 종류의 대용량 물건들이 넘쳐나고 소비심리를 지나치게 부추기는 미국에서는 더욱 안 맞을 수 있지요.

1970년대에 노스웨스턴 대학의 두 심리학자였던 필립 브릭먼과 도날드 캠프벨은 충동적으로 구매하고 폭식하는 이들을 설명하기 위해 '쾌락의 쳇바퀴(hedonic treadmill)'라는 이론을 내놓습니다. 쾌락의 쳇바퀴란, 사람들이 유전적으로 또는 본능적으로 새롭고 쾌락을 주는 것들을 찾는다는 전제를 바탕으로 하는 개념입니다. 예를 들어 소비자들은 새로운 식품, 옷, 전자 기기, 보석 등 새 물건을 사면서 기쁨과 보상받는 느낌을 받습니다. 이런 구매를 통해 처음에 얻는 기쁨의 정도와 상관없이 같은 수준의 기쁨을 느끼려면 더 많은 '소비 마약'에 취할 수밖에 없습니다. 곧 우리는 쳇바퀴를 돌리게 되고 전에는 관심도 없던 것들이 이제는 없어서는 안 될 물건이 됩니다.

많은 미국인들이 느끼는 내적 갈등, 즉 단순함을 향한 의식적 욕구와 물건을 모으려는 무의식적 충동 사이의 갈등은 아미쉬(현대 기술 문명을 거부하고 소박한 농경생활을 하는 미국의 한 종교 집단)문화와 라스베가스의 대비를 보면 쉽게 알 수 있습니다. 이는 포틀랜드에서 활동하는 심리치료사이자 교수인 그레그 크로스비가 자신의 수업에서 활용했던 양 극단의 예가 되겠습니다.

다음은 크로스비가 우리 자신과 사회에서 보여지는 양극성에 대해 설명한 것입니다. "라스베가스는 즉각적인 쾌락, 물질주의, 위험, 충동, 흥분 그리고 개인주의를 대표한다면 아미쉬는 단순, 소박, 이타성, 공동체, 느린 변화와 겸손을 상징합니다."

라스베가스에서 시간을 보내 본 사람이라면 도시의 넘치는 에너지와 함께 그곳이 즉각적인 쾌락과 즐거움을 24시간 연중무휴로 즐길 수 있는 곳이라는 사실을 알게 됩니다. 라스베가스에서는 충동성이 환영받고 또 이를 부추기는 분위기이지요. 반면 공동체, 사색, 공통의 가치와 같은 것들은 크게 인정받지 못합니다.

이와는 반대로 아미쉬 사회에서는 공동체가 가장 중요하며 물질주의를 멀리하고 변화는 매우 느리게 받아들입니다. 느린 삶을 지향하여 자동차 대신 마차를 타고 TV나 인터넷 없이 수많은 방식으로 삶을 간소화하면서 보다 의식적인 삶을 살아갑니다. 크로스비가 언급한 것처럼 우리는 삶 속에서 이 두 가지 양극단 사이를 왔다 갔다 하고 있을지 모릅니다. 마음챙김이라고 해서 한쪽만 받아들이고 다른 한쪽은 무시하라는 뜻은 아닙니다. 마음챙김은 해로운 것을 피할 수 있는 길입니다. 사실은 여러분에게 부정적 영향을 미치지 않는 한도 내에서 여러분의 삶에는 라스베가스의 역동성이 더 필요할지도 모릅니다. 현대 삶의 양 극단에서 어떻게 균형을 잡을 것인가가 관건이지요.

하지만 대부분의 사람들은 기술이 우리에게 미치는 영향에 대해 깊은 고민없이 받아들여 왔기 때문에 조금은 느린 아미쉬 공동체 사람들의 생활방식에서 몇 가지 배울 점들이 있을 수 있습니다. 특히 가정은 우리가 정신없는 삶을 잠시 내려 놓고 라스베가스의 영향을 제한시킬 수 있는 곳입니다. 가정은 마음챙김이 매일 발현될 수 있는 은신처와 같습니다.

5.1 양극단에 대한 생각

다음의 질문들에 대해 잠시 생각해보고 답변을 작성해보세요.

---

1. 라스베가스의 삶과 아미쉬의 삶 양극단 사이 내 삶은 어느 정도에 위치해 있습니까? 어떤 면에서 균형이 잘 맞지 않는다고 느껴지나요?

2. 가정에서의 삶이 단순한 아미쉬 스타일에 가까운가요? 아니면 일과 기술 및 물질적 욕구와 함께 빠르게 돌아가는 풍족한 라스베가스 쪽에 가까운가요?

신성한 공간 만들기

가정을 마음챙김 연습하기 용이한 환경으로 만들기 위해서는 일종의 의식과 이 의식들을 행할 만한 신성한 공간에 대해 생각해 보는 것이 좋습니다. 이 모든 것을 여러분의 필요나 한계에 맞게 설계할 수 있습니다. 여기서 말하는 의식은 세세하거나 단순할 수도 있고, 짧게 끝날 수도 있고 시간이 걸리는 것일 수도 있습니다. 그 신성한 장소는 옷장 혹은 방 구석 또는 방 전체가 될 수도 있겠습니다.

우선, 신성한 공간을 만드는 것부터 시작해봅시다. 특별한 은신처라고 생각하면 됩니다. 집에서 조용한 장소로 여러분이 마음챙김 명상을 통해 내면을 깊이 들여다볼 수 있을 만한 장소를 생각해보세요.

신중하게 이 신성한 공간을 선택하십시오. 소음이나 조명의 영향이 적은 장소이면 좋겠습니다. 큰 옷장의 구석도 종종 아주 좋은 공간이 될 수 있습니다. 그렇지 않으면 방 한쪽 구석을 치우고 접이식 스크린을 설치하여 자신만의 공간을 만들어도 좋습니다. 공간은 앞에 제단(altar)을 놓고 편안하게 앉을 수 있을 정도의 바닥 혹은 의자를 놓을 수 있는 정도면 충분합니다.

제단은 종교의식이 있을 때 필요한 신성한 물건들을 놓을 수 있는 공간입니다. 우리의 경우 이 물건들이 특별한 종교적이거나 영적 의미를 담은 것들일 필요는 없습니다. 물론 원한다면 종교적으로 의미 있는 물건을 놓아도 괜찮습니다. 그렇지 않으면 아이들 사진도 좋고, 자신의 성격이나 가치관 형성에 영향을 미친 사람들의 이미지를 놓을 수도 있습니다. 또는 자신에게 특별한 상징적 의미가 있는 물건이 될 수도 있고, 자신의 굳은 결심과 의도를 적은 종이를 그릇에 담아 놓을 수도 있습니다. 핵심은 제단 위에 깊은 사색을 할 때 집중할 수 있고 마음챙김 명상을 잘 할 수 있도록 도움이 될 만한 물건을 놓는 것이 중요합니다. 단지 주의할 사항은 자신의 의식을 모으는 데 도움이 되는 물건이어야지 오히려 의식을 흩뜨려 놓는 물건이어서는 안 된다는 점입니다.

일단 신성한 공간이 마련되면 이를 개인만의 공간이 되도록 하십시오. 스마트폰이나 TV와 같이 어떤 방해물도 없는 공간이어야 합니다. 아이들이나 애완동물들이 이 공간에 들어가지 못하게 하시고 단지 여러분만이 오롯이 평화를 느낄 수 있는 공간이 되도록 하십시오. 신성한 공간이라고 부르는 이유가 바로 이런 데 있습니다. 이렇게 자신만의 공간을 확보함으로써 이 공간에 들어설 때마다 아주 빠르게 그리고 깊게 명상에 빠질 수 있는 분위기를 만들 수 있습니다. 침대가 잠자는 의식을 위해 있는 것과 마찬가지로 여러분의 신성한 공간은 마음챙김 명상의식을 위한 장소입니다.

가정에서 꼭 침묵이 흘러야 하는 것은 아니지만 신성한 공간은 침묵을 시작하기에 좋은 장소입니다. 침묵을 안다는 건 내적 평화를 안다는 의미입니다. 이와 같은 깨달음은 여러 가지 방식으로 표현 되어 왔습니다. 마하트마 간디는 다음과 같은 말을 남겼습니다.

"침묵을 지키는 속에서 영혼은 보다 명확한 빛을 찾아가며 잘 이해되지 않고 혼란스러운 상황들이 저절로 수정처럼 명확해지네."

죽음과 임종 분야의 선구자인 엘리자베스 쿠블러-로스는 주변을 감싸는 침묵을 찾는 것에 대해 이렇게 이야기했습니다. "평화를 찾기 위해 인도 또는 그 어떤 곳도 갈 필요가 없습니다. 여러분의 방에서, 정원에서 심지어 목욕 욕조에서도 깊은 침묵의 순간을 맞을 수 있습니다."

침묵은 여러 모양과 포장에 담긴 특별한 선물입니다. 이 선물을 여러분 고유의 방식으로 삶 속에서 받아들일 수 있습니다. 가장 중요한 침묵의 장소로 자연이 될 수 있습니다. 어디에 있든 매일 자연 속에 머무르는 시간을 가질 수 있도록 해보세요. 물론 자연이 늘 고요한 건 아니지만 마음을 차분히 가라앉힐 수 있는 힘이 있고 여러분 안의 평화로운 침묵을 찾을 수 있도록 도와 줍니다. 자연의 속도와 리듬에 나 자신을 맡겨 보세요.

다음은 침묵을 찾을 수 있는 몇 가지 도움말입니다.

1) 전자 소음과 외부의 산만함을 의식적으로 차단하십시오.
2) 마음 속의 생각과 의도를 느끼고 발견하지 못하게 방해하는 분주함을 내려 놓으십시오.

3) 매일 컴퓨터, 핸드폰, 텔레비전, 라디오 등 어떤 전자기기도 사용하지 않는 일정 시간을 정해서 지켜 보십시오.

4) 가족과 일종의 침묵의 시간을 갖는 연습을 해보세요.

모든 전자 소음과 이와 함께 여러 가지 일을 동시에 하는 멀티태스킹이 실제로 우리의 IQ를 낮출 수 있다는 사실을 알고 계신가요? 2005년 영국의 한 연구에서 전자기기 사용과 함께 여러 가지 일을 동시에 했던 사람들이 실제로 IQ테스트에서 10점 이상 낮은 점수를 기록했는데, 이는 대마초를 피고 난 후 측정한 IQ점수보다 2배 이상 더 떨어진 점수라고 합니다.

우리의 뇌 구조는 우리가 집중하기로 선택한 것들에 의해 직접적으로 영향을 받아 형성됨을 기억하십시오. 이러한 인식이 있으면 가정에서 어떤 것들을 해야 할지를 결정하는 데 올바른 관점을 가지고 판단할 수 있습니다.

5.2 침묵에 대한 생각

다음 사항들을 읽고 1단계부터 시작해보세요.

다음 질문들에 대해 생각해보세요.

1. 내 삶은 얼마나 분주한가요? 침묵을 내 삶에 잠시라도 가져 오는 데 있어서 어려운 점은 무엇인가요?

2. 매일 자연의 평화로움을 어떻게 느낄 수 있을까요? 어떻게 하면 자연의 손길이 내 생활 공간으로 들어올 수 있을까요?

가정에서의 마음챙김 전환점

가정에서의 마음챙김 전환점을 이해하면 반복되는 지루한 일상이 의식적인 순간으로 바뀔 수 있습니다.

기상 시간

어떻게 잠자리에서 일어나는지가 하루의 리듬을 결정할 수 있습니다. 어떤 사람들은 일어나자마자 의식을 모으는 과정으로 바디스캔 연습을 하기도 합니다. 샤워, 양치질, 옷 입기도 자동적으로 생각없이 하는 행동이 아니라면 마음챙김을 연습하는 과정이 될 수 있습니다. 예를 들어 평소에 잘 쓰지 않는 손으로 양치질 하는 것도 좋은 방법입니다. 매 순간순간 여러분이 그 현재에 머무르려고 할 때 여러분은 마음이 미래에 대한 생각과 불안으로 흘러가는 것을 선택적으로 막을 수 있습니다.

출근 시간

출근 혹은 다른 이유로 집을 나설 때 어떻게 작별 인사를 하느냐가 집에 있는 사람들과의 관계에 큰 의미가 될 수 있습니다. 하루 동안 성취하고픈 의식적 의도를 세울 수 있는 시간이 되기도 합니다.

퇴근 시간

출퇴근 시간은 자연스러운 의식적 전환점이 됩니다. 퇴근길에는 하루 종일 쌓였던 긴장을 풀어줄 수 있는 길을 찾아보세요. 어떤 사람들은 차분한 음악을 들으면서 혹은 심호흡을 하면서 이런 시간을 가집니다. 집에 도착하면 밖에서 입던 옷을 편안한 옷으로 갈아입는 것이 전환점이 되기도 하지요. 또는 물이 가진 힐링의 힘을 빌려 뜨거운 물로 목욕이나 샤워를 하면서 물에 부정적인 감정을 흘려 보낼 수도 있습니다. 그저 물로 얼굴이나 손을 씻는 것만으로도 마음이 차분해지고 편안해질 수 있습니다.

가족들과 인사하는 시간

집에 오면 배우자나 아이들과 어떻게 인사를 하나요? 기분 상태는 어떤가요? 만나서 기쁜 마음을 표현하나요? 아니면 들어오자마자 잘못된 점이나 숙제, 집안일 등 아직 하지 않은 일에 대해 지적하지는 않나요? 의미 있고 애정 어린 방식으로 관계를 쌓을 수 있도록 의식적으로 노력해보세요. 함께 시간을 보낼 수 있는 길을 열어 줄 수 있습니다.

애완견과 함께하는 시간

고양이나 개를 키우고 있다면 이 애완동물들과 함께 놀고 산책하는 시간이 아침 혹은 저녁에 야외에서 누릴 수 있는 마음챙김 전환점이 될 수 있습니다. 애완동물은 종종 완전히 몰입해서 여러분을 바라봅니다. 그들에게 똑같이 마음을 담아 온전히 집중해주세요.

나서는 시간과 돌아오는 시간

간단한 볼 일 때문에 집을 나갔다가 다시 돌아오는 순간들조차도 전환점이 될 수 있습니다. 나가고 들어서는 행위를 의식적 의례가 되게 할 수 있습니다. 예를 들어 문턱을 지날 때마다 여러분이 하고자 하는 의지를 되뇔 수도 있습니다. 혹은 짧은 기도를 올리거나 가족이나 사랑하는 누군가가 문을 나설 때마다 안전을 걱정하는 말을 늘 똑같이 해줄 수도 있고 마찬가지로 그들이 돌아왔을 때는 무사히 돌아온 것에 대해 짧게 감사의 인사 혹은 기도를 할 수 있겠습니다.

식사 시간

아마도 가장 영양가 있는 마음챙김 전환점은 가족이나 친구와 함께하는 식사 시간일 것입니다. 식사 시간은 뜻 깊고 기쁨 넘치는 전환점이 될 수 있습니다. 모든 전통에서 식사 시간 의식은 중요합니다. 일본의 다도를 예로 들면, 차를 만들고 마실 때 사용한 모든 도구들(섬세한 다전, 쇠주전자, 아름다운 디자인의 찻잔 등)을 모두에게 돌려 감사를 표하게 하는 과정이 있습니다.

식사 시간에 마음챙김 접근법을 활용하는 것은 그리 어렵지 않습니다. 식탁을 예쁘게 꾸미는 것부터 시작해보세요. 꽃과 함께 자연을 느껴 보는 것도 좋겠습니다. 식사 준비를 하면서 그냥 음식의 색과 향을 음미해보세요. 예를 들어 일주일에 한 번 정도는 모든 음식을 의식적 과정을 통해 준비해볼 수도 있겠습니다.

식사를 시작하기 전에는 이 음식이 완성되기까지 걸린 모든 시간과 에너지에 대해서 생각해보세요. 물, 햇빛, 흙 속의 영양분, 재료들을 심고 키우고 이 음식을 즐길 수 있기 전까지 수고한 모든 이들에 대해서도 떠올려 보세요. 여러분이 참고 할 수 있는 전 세계 음식의 축복에 대한 책들이 수백 권에 달합니다. 하지만 꼭 거창한 감사를 드려야지만 식사 시간을 의식적 혹은 영적 시간으로 만들 수 있는 건 아니라는 사실을 기억하십시오. 때로는 단순히 소금이나 후추를 뿌리면서 감사를 표하는 것만으로도 의미 있는 식사가 되기에 충분하며 이를 통해 가족과 새롭게 끈끈한 정을 쌓을 수 있는 기회가 되기도 합니다.

음식을 먹을 때 한 입 한 입 천천히 그 맛과 식감에 집중하며 먹도록 노력해보세요. 입에 들어가는 음식을 음미해보세요. 주마다 혹은 매월 완전히 침묵 속에서 천천히 식사하는 시간을 혼자 혹은 가족과 함께 가져보는 것도 좋습니다. 이와 같은 의식적이고 평화로운 환경 속에서 어떤 일들이 일어나는지를 보면 깜짝 놀랄 수도 있습니다. 식사가 끝나고 다시 대화를 할 수 있게 되면 평소보다 대화 주제가 더 중요하게 다가오고 감정도 더 깊어지며 의미 있게 다가온다는 사실을 느끼시게 될 겁니다.

수면 시간

힘든 하루 끝에 잠으로 우리의 바닥난 체력을 다시 충전시키는 일은 우리 삶에서 가장 중요한 전환점 중 하나입니다. 이 중요한 순간을 준비하고 보듬을 수 있는 여러 가지 방법들이 있습니다. 우리의 몸은 자연스럽게 잠을 자고 싶어 하고 이를 위해서는 의식적 수면 연습을 할 수 있는 경계를 정할 필요가 있습니다. 잠들기 전에 한 시간 정도 서서히 몸과 마음을 풀어주는 시간을 가져 보세요. 수면 공간을 어둡고 조용하게 만들고 잠자리에 드는 시간을 일정하게 하며, 밤에 친구나 다른 이로부터 오는 전화, 문자, 이메일을 제한하기 바랍니다.

5.3 전환점에 대한 생각

다음 질문들에 대해 생각해보세요.

---

1. 어떤 전환점이 가장 어렵고 큰 스트레스로 다가오던가요?

2. 마음챙김과 인간관계에 도움이 될 중요한 전환점은 무엇인가요?

3. 가정이나 가족관계 속에서 있을 수 있는 다른 전환점에는 어떤 것들이 있을까요?

4. 어떤 활동들이 여러분의 삶의 균형을 가져다 주는 전환점이 될 수 있을까요?

변화와 자애 포용하기

13세기 페르시아의 시인 루미는 〈게스트 하우스(The Guest House)〉라는 시를 통해 기쁨에서 슬픔까지 계속 변화하는 감정들이 끊임없이 손님으로 찾아오는 게스트 하우스를 인간에 비유했습니다. 마찬가지로 내적 통찰력은 우리를 끊임없이 찾아오는 변화와 덧없음에 대한 교훈을 알려줍니다. 이는 부정적 혹은 비관적 관점이 아니라 하루하루가 얼마나 소중하고 이를 함께 보내는 사람들이 얼마나 중요한지를 일깨워 줍니다. 우리의 가정 생활은 어쩔 수 없는 변화를 인정하는 데 중심이 되어 주는 곳입니다. 가정이라고 부르는 틀 안에서 일어나는 모든 변화들을 통해 우리는 나이 들어감을 생각할 수 있습니다.

하버드대 심리학과 로날드 시걸 교수는 "모든 일이 우리가 상상하는 대로 돌아가진 않지요"라고 말합니다. 관계는 변하고 우리의 아이들도 성장합니다. 언젠가 집은 너무 작거나 너무 커서 우리의 필요에 맞지 않게 되지요. 우리가 그 집에 영원히 있는 것이 아니라 잠시 빌려서 머무는 것이었다는 사실을 깨닫게 되면 충격을 받게 될지도 모르고 이 충격을 다른 사람들에게 전달할 수도 있습니다. 마음챙김 연습은 이와 같은 변화가 어쩔 수 없다는 것을 처음부터 이해할 수 있도록 도와줍니다. 현실을 받아들이면 현재를 즐길 수 있게 되고 부담을 덜어 놓기 쉬워지며 우리의 삶을 구성하는 순간순간을 보내는 기쁨을 느낄 수 있게 됩니다. 변화의 불가피함을 받아들이는 순간 우리는 신체적, 정신적 변화를 다르게 바라볼 수 있습니다.

우리가 자라나는 아이들과 늙어가는 부모님을 바라보며 우리 자신의 나이 들어감과 피할 수 없는 죽음을 인정할 때 그리고 우리 가정에 일어나는 변화들을 끌어안는 만큼 우리는 통제할 수 없는 환상 속에 사는 것이 아닌 삶을 있는 그대로 받아들이는 길에 들어서게 됩니다.

나이와 나이 듦에 대해 의식하는 첫 단계는 노년층의 자존감을 해치는 모든 부정적 편견과 낙인들로부터 자유로워지는 것에서 시작됩니다. 엘렌 랭어와 쥬디쓰 로딘이 1980년에 이와 관련된 선도적 연구를 진행했고 그 결과가 사회문제 학술지(Journal of Social Issues)에 게재되었습니다. 이 연구에서 '늙어서 무능하다'와 같은 노인들에 대한 부정적인 편견과 낙인이 어떻게 이와 같은 고정관념을 강화시키는 행동과 태도를 부추기는지를 보여주는 연구 결과들을 종합하였습니다. 자기 예언처럼 노인들이 특정 정신적, 신체적 한계가 있을 수밖에 없다는 편견을 받아들이는 순간 이러한 한계들이 이미 존재한다고 믿게 되고 이에 따라 행동하게 된다는 뜻입니다.

랭어와 다른 연구자들의 후속 연구에서 어떻게 마음챙김 연습이 노인들의 고정관념을 깨는 데 도움이 되며, 실제 한계는 어디까지인가에 대해 단순히 두려움이나 사회적 편견에 길들여져서 그런 것은 아닌지 깨달을 수 있게 해주었습니다. 마음챙김은 외부의 영향으로 생긴 부정성이나 특히 다른 사람들에 의한 판단, 고정관념들을 걸러낼 수 있는 환경을 만들어줍니다. 또 피할 수 없는 죽음에 대해 보다 균형된 관점을 가질 수 있도록 도와 주고 나이가 들어가면 이럴 것이라는 두려움보다는 나이 들어가는 과정이 진정 의미하는 바가 무엇인지를 볼 수 있게 해줍니다.

그리고 무엇보다 중요한 건 인생의 무상함과 고통과 상실의 불가피성을 의식적으로 자각하게 되면 우리는 자애(loving-kindness)를 베풀 수 있는 여유가 생깁니다. 자애는 모든 살아있는 생명체가 원하는 안전, 안정, 이해, 사랑을 확인시켜 줌으로써 상실과 두려움을 상쇄시켜 주는 역할을 합니다. 내가 가진 것을 나누고 같은 공기를 마시면서 우리는 서로의 안녕과 행복한 삶에 마음 써줄 필요가 있습니다. 자애 명상은 인류를 너무 오랫동안 어둡게 했던 불신과 두려움을 불식시켜 주기 위한 것입니다. 자애는 생존의 유일한 길이 함께 살아가는 이들과 자연을 향한 깊은 관심과 연민을 키우는 것임을 인정하는 행동입니다.

뇌 연구에 따르면 실제 자애 명상을 막 시작한 초보자의 뇌와 이를 다년간 연습한 승려의 뇌를 비교해보니 눈에 띄는 차이가 있었다고 합니다. 특히 연민(compassion) 명상은 높은 뇌기능을 의미하는 감마 뇌파를 동시다발적으로 활성화시킨다고 합니다. 이 연구를 진행한 리차드 데이비슨 교수의 말에 따르면 대부분의 승려들이 과거 신경과학 문헌에서 찾아볼 수 없을 정도의 매우 높은 감마 뇌파 증가를 보였다고 합니다.

과학 작가 샤론 베글리에 따르면, "행복 등 긍정적인 감정을 담당하는 좌측 전두엽의 활동이 불안과 부정적인 감정을 담당하는 우측 전두엽의 활동을 덮어버리는 현상이 있었는데, 이는 정신적 활동만으로는 이런 경우를 본 적이 없습니다. 고통을 봤을 때 작용하는 회로 확장도 승려들에게서 더 많이 보여졌습니다. 계획된 행동을 관장하는 부분도 활성화되었는데 이는 마치 승려들의 뇌는 고통 중에 있는 이들을 가서 도와주지 못해 매우 안타까워하는 듯했습니다."

연민 혹은 자애 명상이 우리의 뇌를 다른 사람들을 위해 행동하려는 뇌로 재형성시킬 수 있다는 사실은 의식적, 정신적 연습을 통해 우리가 성취할 수 있는 것에 대해 힘을 실어 주는 성향을 깨닫는 것입니다. 이 연습으로 우리는 모두가 안전, 건강, 행복 그리고 행복한 삶을 누릴 만한 존재임을 확인할 수 있습니다.

5.4 자애 명상

다음의 글을 읽고 1단계부터 시작해보세요.

자애 명상은 여러분의 뇌와 몸을 신뢰와 열린 마음에 대해 준비시켜 줄 수 있습니다. 이 오래된 연습은 나 자신에게 애정을 보내는 것부터 시작됩니다. 이는 이기적이거나 나만 우선시하는 식의 사랑이 아닙니다. 자아도취적인 성격의 사랑도 아닙니다. 누군가를 혹은 애완동물이라도 깊이 사랑해본 적이 있다면 다른 이의 안전과 행복한 삶을 진심으로 바라는 마음을 이해할 것입니다. 그래서 이런 사랑을 자신에게 보내면서 시작하겠습니다.

사랑을 주거나 받기 위해서 우리 안의 사랑이 끝없는 잠재력을 지니고 있음을 우리는 깨달아야 합니다. 그래서 이 사랑을 잘 돌보고 삶과 생활의 상황이 요구하는 대로 이 사랑을 다시 채워가야 합니다. 나중에 이 사랑에 대한 깊은 바람을 다른 이에 대해서도 넓히고 나누어 보도록 하겠습니다.

자애는 우리가 가진 가장 작으면서도 가장 위험한 두려움을 초월할 수 있도록 도와줍니다. 자애가 우리 자신에게 주는 크고 멋진 포옹이라고 생각해보십시오. 포옹을 하면서 우리의 기분과 마음 상태가 좋아지고 그로 인해 우리 주변의 모든 사람들에게 긍정적인 느낌을 전한다고 상상해보세요.

1단계

침묵 속에 앉아서 눈을 감고 호흡에 집중하십시오.
집중이 되었다고 생각되면 내가 다른 이에게 주었던 상처에 대해 나 자신을 용서하십시오.
지금의 나 자신을 용서하기 어렵다면 나 자신을 어린아이로 생각하고 그 순수한 존재를 용서한다고 생각해보십시오.
그리고 다음의 문장들을 소리 내어 혹은 속으로 반복하십시오.

내가 잘 지내기를.

내가 행복하고 건강하기를.

내가 평안하기를.

내가 아픔, 배고픔 그리고 고통 없이 살아가기를.

이 문장을 충분하다고 느껴질 만큼 자신에게 반복해서 말해주십시오. 사랑의 느낌이 여러분 몸의 모든 세포 하나하나에 스며들 수 있게 하고 이 사랑이 심장을 통해 심장으로부터 퍼져 가게 하십시오. 자신에 대한 이미지가 빛 속에서 쏟아지는 사랑과 함께 빛날 때까지 이 과정을 계속 유지하십시오(어떤 사람들은 따뜻한 온기가 느껴지거나 찌릿찌릿한 느낌 혹은 다른 느낌들이 느껴진다고 말하기도 합니다).

이와 같은 사랑을 느낄 수 없다고 해서 자신을 비난하지는 마십시오. 자신과 이 연습에 대해 인내심을 가지십시오. 시간이 걸리는 일입니다. 이 연습을 달성해야 할 목표로 생각하지 말고 하나의 과정이자 삶에 대한 접근법으로 여기시기 바랍니다.

2단계

이제 여러분의 사랑을 외적으로 펼쳐 보는 단계가 되겠습니다. 가족과 친구들부터 시작해보십시오. 마음의 눈으로 그 사람이 빛나고, 행복하며 건강한 모습을 그려보세요. 그 사람을 떠올리면서 다음의 문장을 속으로 혹은 소리 내어 되뇌어 보세요.

_____가 잘 지내기를.

_____가 행복하고 건강하기를.

_____가 평안하기를.

_____가 아픔, 배고픔 그리고 고통 없이 살아가기를.

이를 마쳤을 때 두 손을 심장 가운데 놓고 모두를 위한 축복을 빌어줍니다. 뭔가 격렬한 감정이 느껴지더라도 놀라지 마십시오. 사랑에 마음을 연다는 것은 세상의 고통에 대해서도 여러분 자신을 열어놓는다는 뜻입니다.

언제나 자신에게 먼저 사랑을 보내고 나서 다른 이들에게 보내야 한다는 점을 기억하십시오. 이는 중요한 연습입니다. 매일 하면 가장 유익한 연습이기도 하지요. 또 마음챙김이 삶의 순간순간이 되지 못하게 방해하는 스스로 만들어낸 고통을 풀어 낼 수 있는 효과적인 해독제이기도 합니다.

마음챙김과 수명

'특정 정신적 기술을 통한 의식의 상태가 인간의 수명을 연장하거나 노화를 되돌리는 데 직접적인 영향을 줄 수 있는가'라는 질문에 답하기 위해 8개의 다른 양로원에 사는 73명(평균 연령 81세)을 무작위로 4개 그룹으로 나누어 실험을 진행했습니다. 한 그룹은 아무 프로그램도 진행하지 않고 나머지 세 그룹에는 각각 초월 명상, 마음챙김 훈련, 이완 명상 프로그램을 진행하였습니다. 결과를 비교해보니, 이완 중에 의식이 깨어 있는 초월명상 그룹이 쌍 연상 학습(paired associate learning), 인지 융통성, 단어 구사력, 정신 건강, 수축기 혈압, 행동 융통성, 노화, 치료 효능 면에서 가장 개선된 결과를 보였 주었고 그 다음으로는 마음챙김 훈련이 이완 명상 프로그램 참가자나 프로그램에 참가하지 않은 이들에 비해 더 나은 결과를 보였습니다. 지각된 통제력면에서는 마음챙김 훈련자들이 가장 많이 개선되었고 그 다음이 초월 명상 참여자들이었습니다. 3년 후 생존률은 초월 명상자는 100%, 마음챙김 훈련 참가자는 87.5%를 기록했고 나머지 두 그룹은 이보다 더 낮은 생존률을 보였습니다.

마음챙김을 통한 노인들의 주의력 개선 연구

본 연구의 목적은 마음챙김을 통한 개입이 노인들의 주의력 개선의 차이를 구분하는 데 활용될 수 있는지를 보기 위함이었습니다. 참가자들은 무작위로 4개 그룹으로 나뉘어 프로그램에 참여했습니다. 마음챙김 훈련을 받은 그룹에서는 일련의 그림들을 보고 있는 참가자들에게 3개 혹은 5개의 차이점을 찾아보라고 하였습니다. 다른 통제그룹들에서는 참가자들에게 주의를 기울이라고 말하거나 아니면 아예 그림을 보여 주기 전에 주의력과 관련된 어떤 지시사항도 주지 않았습니다. 결과적으로 차이를 찾기 위해 그림을 보았던 그룹이 다른 통제그룹들보다 훨씬 더 많이 그림에 대해 기억할 수 있었습니다. 또한 그림의 차이점 그려 보기는 그림에 대한 호감도도 높았습니다.

아이들의 스트레스 감소

이 임상 프로젝트에서는 태극권(Tai Chi)과 마음챙김 스트레스 감소법을 병합하여 교육 프로그램으로 활용하였습니다. 5주짜리 프로그램을 통해 중학교 남녀학생들 사이에서 이 내용에 대한 지속적인 관심을 이끌어 내는 것이 가능함을 알 수 있었습니다. 이 과정에서 남녀학생들은 교육과정 동안 행복한 삶과 차분함 그리고 긴장이 풀어짐을 경험했고 잠도 더 잘 자고 충동반응은 덜 보이며 자기돌봄, 자의식 그리고 자연과의 교감 혹은 공존성을 더 많이 느꼈다고 말했습니다.

Week 6
마음챙김 유지하기

Week 6
마음챙김 유지하기

축하드립니다! 드디어 이 코스의 마지막 주가 되었습니다. 우리가 그 동안 함께했던 내용과 이 정보들을 어떻게 우리 삶에 적용하여 자신과 다른 이들에게 유익하게 할 것인가를 이야기하기 전에 마음챙김을 하고자 하는 모든 이들이 겪는 어려움에 대해 주의가 필요하다는 말씀을 먼저 드려야 할 것 같습니다.

오늘날 모든 사람들은 예전 사람들이 일주일 또는 한 달 동안 했을 정도의 선택을 매일 깨어 있는 24시간 동안 해야 합니다. 최근 연구에 따르면 지나치게 많은 선택사항이 우리의 에너지를 바닥나게 하여 뇌에 영향을 미친다고 합니다. 이는 놀랍고도 걱정스러운 결과가 아닐 수 없습니다. 우선 매일매일 우리가 실제로 얼마나 많은 선택을 해야 하는지를 알아보도록 하겠습니다.

음식 선택과 같은 한 가지 문제만 보더라도 음식 심리학자인 브라이언 완싱크는 평균적인 사람들이 매일 음식에 관해서만 200가지 이상의 결정을 내린다고 말합니다. 음식 관련 결정은 쉽지가 않습니다. 왜냐하면 어마어마한 숫자의 품목과 음식 조합을 선택해야 하기 때문이지요. 예를 들어 보통 슈퍼마켓의 경우 선택할 수 있는 제품의 수가 4만 가지입니다. 이는 1976년 1만 가지에서 증가한 수치입니다. 스타벅스 커피숍에서는 어느 체인에 가도 이제 손님들이 19,000가지 다른 음료를 고를 수 있다고 자랑스럽게 말합니다. 무지방 우유, 헤이즐넛 모카 트리플 샷에 휘핑크림과 시나몬 가루를 뿌린 그란데 사이즈와 초콜릿 비스코티를 곁들인 메뉴는 어떠신가요?

게다가 음식은 더 복잡한 의사결정 과정의 일부분일 뿐입니다. 베리 슈워츠는 그의 저서 《선택의 역설(The Paradox of Choice: Why More Is Less)》에서 "가장 저렴한 가격에 물건을 사기 위해 비교하며 쇼핑을 한다면 이는 수많은 선택에 또 다른 차원을 하나 더 추가 하는 결과이다. 진정 신중한 소비자라면 과자 한 박스를 고르는 데 가격, 향, 신선함, 지방, 염분, 칼로리 등을 다 따지느라 하루 종일 걸릴 수 있다"고 말합니다.

    이러한 선택의 과정은 인터넷, TV 채널(케이블TV의 경우 채널 수만 1,000개 이상), 옷, 기타 소비재에 까지 확장됩니다. 이런 경향은 수그러들 기미가 보이지 않습니다. 여기에 게시판, 인터넷 팝업창 등을 통해 우리가 매일 접하는 3,000개 이상의 광고성 메시지까지 포함해 보십시오. 개인으로서 아니면 그룹으로서 이렇게 많은 선택을 매일 하는 삶이 우리에게 더 좋을까요?

6.1 선택에 대한 생각

다음의 질문들에 대해 잠시 생각해보고 답변을 작성해보세요.

---

1. 언제 지나치게 많은 선택 사항 때문에 부담감을 느끼나요?

2. 많은 선택으로 인한 부담감으로 충동적인 행동을 하지는 않나요?

마음챙김: 자기 통제와 자기 조절을 위한 도구

사회심리학 학회(Journal of Personality and Social Psychology)에 게재된 연구에서 소비행동 과학자들이 오랫동안 관찰한 결과 소비자들은 많은 종류의 제품과 함께 넘치는 많은 정보를 요구하는 현실에 좌절하고 이를 부담스러워 한다고 언급했습니다. 그리고 진행했던 조사 결과를 소개하며 너무 많은 선택 사항이 우리의 자기 통제 및 자기 조절 능력을 약화시킨다고 밝혔습니다. 연구의 정의에 따르면, 자기 조절은 목표 달성을 위해 한 가지 반응을 다른 반응으로 대체할 수 있도록 반응들을 중단시키는 것이라고 합니다.

이전의 연구 결과를 바탕으로 연구자들은 자기 조절과 의사결정이 자신을 이끌어 가는 기능 측면에서 같은 자원을 활용하고 있으며 이는 강점 혹은 에너지와 유사한 자원이 아닐까 하는 생각을 하게 됩니다. 연구자들은 혹시 미국에서 매일 겪어야 하는 지나치게 많은 선택 사항이 이와 같은 자원을 고갈되게 만들어서 결국 자기 통제력도 잃게 만드는 것은 아닌가 하는 의문을 가지게 됩니다. 4개의 실험실 연구와 1개의 현장 연구에서 학부 대학생 그룹들이 다양한 소비 물건과 대학 수업 중에 선택을 해야 하는 테스트를 받게 됩니다.

이 실험의 결과에서 분명히 나타난 사실은 결정하는 과정이 자기 통제력을 감소시킨다는 점이며 자기 통제력 감소는 신체적 체력 감퇴와 실패했을 때 더 쉽게 포기하고, 일을 미루며 산술계산능력도 떨어뜨리는 현상으로 나타났습니다. 또 이에 반해 소심함은 더 증가했습니다. 후속 연구에 따르면 선택은 단순히 고민하고 선택 사항에 대한 선호도를 파악하는 것 이상으로 에너지를 많이 쓰는 일이며 다른 사람의 선택을 그냥 이행하는 것보다 더 피곤한 일이라고 텍사스 A&M, 플로리다 주립대, 샌디에고 주립대 및 미네소타 대학의 연구팀들이 말했습니다. "현재까지의 결과를 보면 자기 조절, 능동적 주도와 매우 신중한 선택 모두 같은 심리적 자원을 활용하고 있습니다. 따라서 결정하는 데 이 자원을 소진하게 되면 자기 통제와 능동적 주도력에 쓸 수 있는 자원이 그만큼 줄어들게 됩니다." 이 연구에서 두드러진 결과는 많은 선택 사항으로 인한 정신적 피로감은 굉장히 빨리 발생한다는 점입니다. 자기 조절 자원이 단 10분만에 고갈되기도 하는데 한 실험에서는 4분 만에도 그 자원이 소진되었습니다.

인간으로서 능력과 기능을 갖추기 위해서 특히 분주하고 지나치게 자극적인 우리의 문화 속에서 우리는 자기 통제와 효율적인 의사결정을 할 수 있어야만 합니다. 이렇게 너무 많아서 혼란스러운 선택과 옵션이 정신적 피로가 되어 쌓이고 이로 인해 점점 자기 조절 능력을 잃어가게 되면 우리는 점점 더 마음을 놓치며 살게 되고 외부의 조작에 취약한 존재가 될 수밖에 없습니다.

마음챙김 기술은 자기통제력을 강화시켜주고 우리의 자기 조절 자원을 채워주는 자연스러운 방어 메커니즘을 갖출 수 있게 도와줍니다. 선택의 부담에서 허우적거리고 소비 결정을 더 많이 해야 경제를 진작시킨다는 요란한 주장에 지쳐가는 때에도 우리는 마음챙김을 통해 이런 기회를 가질 수 있습니다.

일단 스스로 주도적으로 연습을 시작하게 되면 마음챙김의 혜택을 보다 빨리 경험할 수 있습니다. 연구에 따르면 하루에 30분 정도 마음챙김 명상을 실천하기 시작한 초보자의 경우 몇 주만 지나도 항우울제를 복용하는 것과 같은 정도로 기분이 나아질 수 있다고 합니다. 2004년에 있었던 연구에서 69명의 유방암과 전립선암 환자들이 8주간의 마음챙김 스트레스 해소 프로그램을 등록했는데 집에서 한 연습 시간 혹은 수업 참석률에 상관없이 참가자 모두 스트레스, 수면 및 전반적 삶의 질 면에서 큰 향상이 있었다고 답했습니다.

2007년에 건강한 성인을 대상으로 단순한 만트라를 기본으로 한 명상 기술을 진행했는데 단순한 명상 기법에 대해 간단히 알려주는 것만으로도 건강한 성인들의 부정적 기분과 인지된 스트레스를 해소하는 데 도움이 되고 이는 장기적으로 건강에 유익할 수 있다는 결과가 나왔습니다. 다양한 나이 대에, 다양한 암 진단을 받은 초중말기 남녀 환자들을 대상으로 7주간 일주일에 한 번 명상 시간을 가지고 이에 대한 결과를 조사하였는데 그 결과 단기간의 연습이었지만 모두 감정 기복이나 스트레스 증후군 등이 감소하였다고 답했습니다.

이보다 더 큰 혜택은 마음챙김 연습을 지속적으로 오랜 기간 하면서 경험할 수 있습니다. 많은 연구를 통해 마음챙김 연습이 뇌 활동에 있어서 장기적 변화를 가져올 수 있다는 결과가 나왔습니다. 2005년 메사추세스 종합병원에서 진행된 실험에서 장기간의 명상이 실제로 주의력과 감각 처리와 연관된 뇌 부위를 두껍게 한다는 결과가 나왔습니다. 나이 든 명상 수련자들조차도 전두엽

피질 두께가 눈에 띄게 두꺼워졌는데 이는 명상이 노화에 따라 피질이 얇아지는 현상을 상쇄시키기 때문일 것이라고 13명의 연구자가 결론내렸습니다. 이러한 뇌 구조 변화를 경험한 명상수련자들은 하루에 평균 40분 정도 명상을 하였습니다. 대부분 7년에서 9년 정도 명상 수련을 해온 사람들이었습니다.

　　마음챙김 연습을 장기간 혹은 단기간 하여도 모두 긍정적 변화를 경험할 수 있습니다. 하지만 마음챙김 연습을 시작하고 정신을 끊임없이 분산시키는 이 복잡한 소비문화 속에서 계속 유지하기 위해서는 상당한 노력과 헌신이 필요합니다.

6.2 자기 통제에 대한 생각

다음의 질문들에 대해 잠시 생각해보고 답변을 작성해보세요.

---

1. 자신의 삶의 어떤 부분에서 선택을 제한하고 자기 통제력을 좀 더 발휘하고 싶은가요?

2. 살면서 자기 통제력을 발휘해서 자신감을 얻은 때는 언제였나요?

3. 어떻게 하면 마음챙김이 자기 통제나 자기 조절을 잃게 하는 생각, 감정 혹은 행동을 스스로 알아차릴 수 있도록 도와주는 조기 경보 시스템으로서 역할을 할 수 있을까요?

성공적인 마음챙김 연습을 위한 6가지 도움말

나쁜 습관을 더 나은 대처 기술로 바꾸기 위해서 마음챙김 연습을 단기간에 배울 수도 있습니다. 하지만 여러분 뇌 구조의 변화를 위해서는 반복적인 연습을 장기간에 걸쳐 하는 것이 필요하며 연습을 유지하고자 하는 사람들은 모두 일종의 지원 메커니즘이 있어야 합니다. 특히나 누구나 그렇듯이 다시 무의식적인 삶으로 돌아가는 행동을 하게 될 때 이런 메커니즘이 도움이 될 수 있습니다.

미니아폴리스의 마음챙김 삶 센터의 공동디렉터를 맡고 있는 마이클 오닐은 이렇게 묻습니다. "마음챙김을 헌신적으로 연습하기 시작하면 어떤 일이 일어날까요?" 그리고 마이클 오닐은 말합니다. "처음에는 별 다른 변화가 없을 수도 있습니다. 마음챙김 명상을 시작하는 수련자들이 곧 느끼게 되는 한 가지는 자신들의 마음속에 존재하는 믿을 수 없을 정도의 분주함과 물질에 집중하게 되는 마음의 집요함입니다. 이는 불편한 발견이 될 수 있습니다. 하지만 마음챙김을 온화하지만 확고한 의지를 가지고 계속 연습하여 모든 것을 지금 있는 그대로 받아들이는 데 집중하다 보면 마음이 조용히 가라앉을 수 있다는 사실을 깨닫게 됩니다."

자각과 마음챙김은 익히는 데 시간이 어느 정도 걸리므로 무엇을 하시든 포기하지 마십시오. 마음챙김에 있어서는 끈기야말로 좋은 결과를 가져다 주는 미덕이라고 할 수 있습니다. 예전의 삶으로 돌아간다고 해서 절대 실패가 아니라는 점을 기억하십시오. 이를 새롭고 더 나은 계획을 세울 수 있는 기회로 여기십시오. 다음은 성공적인 마음챙김을 위한 몇 가지 도움말입니다.

1) 관련 정보를 계속 접하기

계속 자신에게 동기 부여 하는 좋은 방법 중 하나가 마음챙김 연습의 수많은 정신적, 신체적 혜택에 대한 정보를 계속 접하는 것입니다. 여기서는 이미 마음챙김 연습이 면역 시스템 기능을 향상시키고, 혈압을 낮추며 수면과 소화를 개선시키며, 기분과 기억력도 좋아지게 하는 등 기타 많은 혜택이 있음을 언급했습니다. 필요하다면 이와 같은 혜택을 종이에 모두 적고 연습할 의욕이 생기지 않은 때 이 목록을 읽어보세요. 계속해서 왜 이 연습이 필요한지를 스스로에게 상기시키세요.

2) 소박하게 시작하기

작은 실천이 큰 실천으로 이어질 수 있습니다. 처음에는 본인에게 맞을 것 같은 마음챙김 연습을 다양하게 시도해보세요. 그리고 어느 게 가장 잘 맞는 지 알아보세요. 처음에는 하루에 3분 정도 앉아서 마음챙김 명상을 해보시고 한 주에 몇 분 정도씩 시간을 늘려 보세요. 이 책에는 매일 할 수 있는 다양한 마음챙김 연습 방법이 소개되어 있습니다. 이 중 몇 가지를 여러분의 일상에서 실천해보세요. 처음부터 일을 크게 시작 해야 하는 성향이 아니라면 처음에는 소박하게 시작해야 계속 연습을 이어가는 데 필요한 호기심과 열정을 유지할 수 있을 가능성이 높습니다.

3) 정기적으로 하기

마음챙김 연습을 좋은 습관이 되도록 하세요. 자신에게 잘 맞는 종류의 연습과 시간대를 찾게 되면 스케줄을 잡고 이를 지키려고 노력하세요. 잊지 않기 위해서 메모를 붙여 놓는 것도 좋은 방법입니다. '마음챙기기' 정도의 문구를 화장실 거울, 냉장고 문, 자동차 핸들 등 눈에 잘 띄는 곳에 붙여 놓으세요. 계속해서 이런 노력들을 스스로에게 상기시키다 보면 여러분은 양심에 따라 계속 동기 부여를 하게 될 것입니다.

4) 기록하기

연습한 것을 기록하고 어느 정도 진전이 있었는지 적어두세요. 매일 또는 매주 하시면 됩니다. 스스로 솔직해 질 것과 나약해질 수 있음을 받아들이세요. 연습을 하고 싶지 않은 마음이 든다거나 무기력해지거나 흥미가 없어진 경우 이에 대해 자세히 적어보세요. 자신을 표현하되 과정에 대한 연민을 가지고 하세요. 이전의 기록으로 돌아가 주기적으로 그 기록들을 읽음으로써 여러분의 연습이 점점 발전하고 있고 이에 따라 자신도 발전해 감을 계속 자각하시길 바랍니다.

5) 변화 주기

항상 연습에 대한 호기심을 유지하고 새로운 마음이 들도록 노력하세요. 여러분이 일상적으로 반복하는 일들에 변화를 주는 실험을 해보세요. 옷장 안에서 명상을 했다면 장소를 방 구석이나 스크린 뒤로 바꿔 볼 수도 있겠습니다. 보통 마음챙김 걷기를 하는 분이라면 일출 혹은 일몰 때 의식이 깨어 있는 상태에서 앉아 있는 방법을 시도해봐도 좋겠습니다. 신선한 자극들을 주기 위해 자신이 활용하는 기술을 주기적으로 바꿔보거나 새로운 과정이나 요소를 추가해보십시오.

6) 지지 구하기

운동을 다른 사람과 같이 하거나 헬스장에서 단체로 운동을 하거나 피트니스 강사가 동기부여를 해주면 운동하기가 훨씬 수월하다는 걸 느껴보신 적 있나요? 마음챙김 연습도 마찬가지입니다. 발전이 없거나 동기부여가 잘 되지 않는다고 느껴지면 연습을 함께할 사람이나 단체를 찾아보세요. 필요하다면 코치나 명상 강사 또는 경험이 많은 멘토의 도움을 받을 수도 있습니다. 의식적으로 마음챙김을 실천하는 다른 사람들과 어울릴 수 있도록 노력해보세요. 그러면 같은 길을 가려는 사람들과 늘 함께 살아갈 수 있습니다.

6.3 현재 순간으로 돌아오기

아래 지시 사항을 따라서 1단계부터 시작해보세요. 각각의 단계에 포함되어 있는 질문들에 대해 생각해보세요.

사람마다 여러 가지 환상을 가지고 있을 수 있습니다. 예를 들면 새로운 차를 산다거나, 복권에 당첨된다거나 막대한 부와 물질적 소유물을 얻게 된다는 등의 환상이 있을 수 있지요. 환상의 대상을 떠올리면 이것이 실제이건 상상 속의 대상이건 쉽게 수많은 욕구와 감정들이 일어납니다. 환상에 빠져서 그것에 집착한다면 여러분은 현재 순간을 경험할 수 있는 시간을 잃어버린다는 뜻입니다.

1단계. 환상 세어보기

누구나 자신이 가진 환상을 하루 아침에 없앨 수 없습니다. 단순히 내가 가진 환상이 무엇인지 발견하고 알고 있는 것만으로도 좋은 시작이 될 수 있습니다.

환상에서 깨어 나는 첫 번째 단계는 자신의 환상을 발견하는 것입니다. 하루 종일 환상을 잡는 연습을 한다고 생각해보십시오. 그리고 환상의 수를 세어보세요. 이렇게 함으로써 자신의 환상에 대해 더 많은 것을 알게 될 것입니다. 이 과정을 하루 혹은 일주일 동안 진행하셔도 됩니다. 매일 일어나는 순간부터 자신의 환상을 관찰해보세요. 다른 이와의 상상 속 대화도 환상의 일종입니다.

환상의 수를 세다 보면 어느새 환상에 빠지는 순간을 의식할 수 있게 됩니다. 출근 길에는 얼마나 많은 환상이 있었나요? 직장에서 혹은 학교, 집에서는 얼마나 있었나요? 얼마나 자주 딴 생각에 빠지게 되나요? 매우 자주 딴 생각에 빠진다고 해도 너무 걱정하지 마십시오. 나만 그런 게 아니기 때문이지요.

2단계. 환상 기록하기

하루 이상 환상의 수 세기를 해본 후에는 그 내용을 기록하는 작업을 시작할 수 있습니다. 이 환상 일기 혹은 일지는 주요 내용을 파악하는 데 도움이 됩니다. 나의 환상들에 공통된 주제 혹은 내용이 있나요? 그리고 이런 환상들을 자극하는 계기들이 있나요?

3단계. 환상에서 현재 순간으로 돌아오기

이제 생각이 미래나 과거로 가버렸다는 사실을 깨닫게 되면 현재 이 순간의 환경으로 자연스럽게 돌아오는 연습을 해보십시오.

시간 활용을 의식적으로 탐색해보기

자신이 실제로 어떻게 시간을 활용하고 있는지 목록을 만들어본 적이 있나요? 아래에 여러분의 시간 활용 목록을 적어 보시면 실제 자신이 어디에 시간을 할당하는지를 아무런 판단 없이 보다 명확하게 볼 수 있을 겁니다. 운동 혹은 자기 관리처럼 두 가지 항목에 겹치는 부분이 있다면 가장 정확한 항목을 고를 수 있도록 노력해보세요. 시간을 왼편에 적고 각각의 시간에 해당하는 항목을 적어 보세요. 목록 작성이 끝나면 뒤에 이어지는 질문에 답해 보세요.

나의 시간 목록

시간	내용

6.4 시간 활용에 대한 생각

다음의 질문들에 대해 잠시 생각해보고 답변을 작성해보세요.

1. 현재 자신의 시간 활용에 대해 어떤 생각이 들었나요? 가장 놀랍게 다가온 점은 무엇인가요?

2. 시간 분배에 있어서 겪고 있는 어려움은 무엇인가요?

3. 더 충족감을 주고 내면의 가치와 좀 더 일치 하는 방식으로 시간을 재분배하려면 어떻게 해야 할까요?

6.5 무엇을 배웠는지 돌아보기

이 책의 마지막 연습으로 마음챙김에 대해서 그 동안 배운 것들을 되돌아 보는 시간을 갖도록 하겠습니다. 여기서 배운 지식을 일상, 직장, 집에서 어떻게 활용할지, 혹은 관련 전문가라면 클라이언트에게 어떻게 이를 활용할지를 생각해보세요. 처음 코스를 시작할 때와 비교해서 마음챙김에 대해서 무엇을 더 알게 되었는지 평가해보세요. 다음의 4가지 질문에 대해 생각해보고 답을 적어 보세요.

1. 마음챙김과 마음챙김 연습 적용에 관해서 나의 가장 큰 통찰은 무엇인가요?

2. 지금으로부터 3개월 전에 내가 했던 마음챙김 연습은 어땠나요? 앞으로 6개월 후는 어떨까요? 1년 후는?

3. 삶 속에서 마음챙김을 어떻게 활용하고 싶은가요?

4. 직장에서 혹은 클라이언트와 함께 마음챙김을 어떻게 활용하고 싶은가요?

5. 마음챙김 연습을 유지하는 데 가장 큰 장애물은 무엇이 될까요?

마음챙김에 대한 요약

마음챙김 연습은 우리의 정신 건강과 신체 건강 및 행복한 삶을 위해 스스로 기분과 정서를 조절할 수 있도록 해주는 실질적인 도구입니다. 이러한 연습이 줄 수 있는 혜택을 자각하면서 이제 여러분은 마음챙김을 발견하기 위해 떠나는 자신만의 여행을 시작했습니다. 이제까지 얻은 지식을 가지고 여러분 자신과 다른 이들을 위해 마음챙김 연습을 실제 삶의 상황에 적용해볼 수 있습니다. 단순하지만 심오한 마음챙김의 힘을 보여주는 예들을 통해 마음챙김이 널리 퍼지면 모든 인간관계가 개선될 수 있음을 스스로 깨닫게 되기를 바랍니다. 이 과학적 실험을 거쳐 증명된 개입법은 오늘날 문화에서 너무 많은 사람들이 느끼는 무력감과 절망에 대한 흥미로운 해답이 될 수 있습니다. 마음챙김이라는 잔잔한 파문을 경험하고 세상에 퍼트리실 여러분의 여행길에 많은 축복이 있기를 바랍니다.

읽을 거리

1. Altman, Donald, *The Mindfulness Code: Keys to Overcoming Stress, Anxiety, Fear and Unhappiness,* Novato, CA: New World Library, 2010

2. Altman, Donald, *Living Kindness*, Portland, OR: Moon Lake Media, 2009

3. Altman, Donald, *Meal By Meal: 365 Daily Meditations for Finding Balance with Mindful Eating*, Novato, CA: New World Library, 2004

4. Altman, Donald, *Art of the Inner Meal*, HarperSanFrancisco, 2000 (hardcover); Portland, OR: Moon Lake Media, 2002 (paperback)

5. Badenoch, Bonnie, *Being a Brain-Wise Therapist: A Practical Guide to Interpersonal Neurobiology*. New York: Norton, 2008

6. Baer, Ruth, *Mindfulness-Based Treatment Approaches*, Elsevier, Academic Press, University of Kentucky, 2006

7. Baldoni, John, *Lead Your Boss: The Subtle Art of Managing Up*. New York: AMACOM, 2009

8. Begley, Sharon, *Train Your Brain, Change Your Mind*. New York: Ballantine Books, 2007

9. Benson, H., *The Relaxation Response*. New York: Avon, 1976

10. Brantley, Jeffrey, *Calming Your Anxious Mind*. Oakland, CA: New Harbinger Publications, 2007

11. Chodron, Pema, *Start Where You Are: A Guide to Compassionate* Living, Boston: Shambhala, 2001

12. Cousins, Norman, *Anatomy of an Illness*, New York: Norton, 1997

13. Daiensai, Richard Kirsten, *Smile: 365 Happy Meditations*, London: MQ Publications, Ltd., 2004

14. Diener, Ed; Biswas-Diener, Robert, *Happiness: Unlocking the Mysteries of Psychological Wealth*. Malden, MA: Blackwell Publishing, 2008

15. Fields, R. Douglas, *The Other Brain*, New York: Simon & Schuster, 2009

16. Flores, Philip, *Addiction as an Attachment Disorder*, Lanham, MD: Aronson, 2003

17. Gershon, Michael, *The Second Brain*. New York: Harper Paperbacks, 1999

18. Goleman, Daniel, *Destructive Emotions*. New York: Bantam Books, 2003

19. Gordon, M.D., James, *Unstuck: Your Guide to the Seven-Stage Journey Out of Depression*. New York: Penguin Press, 2008

20. Groopman, Jerome, *Anatomy of Hope*, New York: Random House, 2005

21. Hamilton, Allan and Weil, Andrew, *The Scalpel and the Soul: Encounters with Surgery, the Supernatural, and the Healing Power of Hope*. New York: Tarcher, 2008

22. Hanson, Rick, *Buddha's Brain: The Practical Neuroscience of Happiness, Love, and Wisdom*. Oakland, CA: New Harbinger, 2009

23. Hayes, Steven; Follette, Victoria; Linehan, Marsha; editors, *Mindfulness and Acceptance: Expanding the Cognitive Behavioral Tradition*, New York: Guilford Press, 2004

24. Horstman, Judith. *The Scientific American Day in the Life of the Brain*. Hoboken, N.J.: Jossey-Bass, 2009

25. Huther, Gerald, *The Compassionate Brain: How Empathy Creates Intelligence*, Boston: Trumpeter Books, 2006

26. Iacoboni, Marco. *Mirroring People: The Science of Empathy and How We Connect with Others*. New York: Picador, 2009

27. Jevne, R.F. and Miller, J.E., *Finding Hope: Ways to See Life in a Brighter Light*, Fort Wayne, IN: Willowgreen Publishing, 1999

28. Jevne, R.F., *When Dreams Don't Work: Professional Caregivers and Burnout*, Amityville, NY: 28. Baywood Publishing Co., 1998

29. Kabatt-Zinn, Jon; Teasedale, John; Williams, Mark; Zindel Segal; *The Mindful Way Through Depression*, New York: Guilford Press, 2007

30. Kabatt-Zinn, Jon, *Full Catastrophe Living: Using the Wisdom of Your Body and Mind to Face Stress, Pain and Illness*, New York: Delacorte Press, 1990

31. Kabatt-Zinn, Jon, *Wherever You Go There You Are: Mindfulness Meditation in Everyday Life*, New York: Hyperion, 1997

32. Kabatt-Zinn, Jon and Myla *Everyday Blessings: The Inner Work of Mindful Parenting*, New York: Hyperion, 1998

33. Kashdan, Todd, *Curious?: Discover the Missing Ingredient to a Fulfilling Life*, New York: William Morrow, 2009

34. Klein, Allen, *The Healing Power of Humor*, New York: Tarcher, 1989

35. Kornfield, Jack, *The Art of Forgiveness, Loving-Kindness, and Peace*, New York: Bantam, 2002

36. Langer, Ellen, *Mindfulness*, Cambridge, MA: Da Capo Press, 1990

37. Levine, Peter, with Frederick, Ann, *Waking the Tiger: Healing Trauma*, Berkeley, CA: North Atlantic Books, 1997

38. Lyubomirsky, Sonja, *The How of Happiness*, New York: Penguin, 2008

39. Marlatt, G. Alan; Bowen, Sarah; Chawla, Neha, *Mindfulness-Based Relapse Prevention for Addictive Behaviors: A Clinician's Guide*. New York: Guilford Press, 2010

40. McDermott, Diane., and Snyder, C.R., *The Great Big Book of Hope*. Oakland, CA: New Harbinger Publications, 2000

41. McDermott, Diane, *Making Hope Happen: A Workbook for Turning Possibilities into Reality*. Oakland, CA: New Harbinger Publications, 1999

42. McQuaid and Carmona. *Peaceful Mind: Using Mindfulness & Cognitive Behavioral Psychology to Overcome Depression*. Oakland, CA: New Harbinger Publications, 2004

43. Najavits, Lisa, *Seeking Safety*. New York: Guilford Press, 2001

44. Naperstek, Bellruth, *Staying Well with Guided Imagery*, New York: Warner Books, 1994

45. O'Connor, Richard, *Undoing Perpetual Stress*, New York: The Berkley Publishing Group, 2006

46. O'Hanlon, Bill, *Thriving Through Crisis*, New York: Perigree, 2005

47. Payne, Ruby, *A Framework for Understanding Poverty*, Highlands, TX: aha! Process, Inc., 2005

48. Payne, Ruby, *Bridges Out of Poverty*, Highlands, TX: aha! Process, Inc., 2006

49. Rosenberg, Larry. *Breath by Breath: The Liberating Practice of Insight Meditation*. Boston: Shambhala, 2004

50. Salzberg, S., *Loving-Kindness: The Revolutionary Art of Forgiveness* Boston: Shambhala, 1997

51. Sapolsky, Robert, *Why Zebras Don't Get Ulcers*, New York: W.H. Freeman and Co., 1994

52. Segal, Zindel; Williams, Mark; Teasdale, John, *Mindfulness-Based Cognitive Therapy for Depression*, New York: Guilford Press, 2002

53. Siegel, Dan, and Hartzell, *Parenting From the inside Out*. New York: Tarcher/Penguin, 2003

54. Siegel, Daniel J., *Mindsight: The New Science of Personal Transformation*. New York: Bantam, 2010

55. Siegel, R.D. *The Mindfulness Solution: Everyday Practices for Everyday Problems*. New York: The Guilford Press, 2010

56. Schwartz, Barry, *The Paradox of Choice: Why More Is Less*. New York: Harper Perennial, 2005

57. Schwartz, Jeffrey, *Brain Lock*. New York: Harper Perennial, 1996

58. Shapiro, Shauna, and Carlson, Linda, *The Art and Science of Mindfulness: Integrating Mindfulness into Psychology and the Helping Professions*, Washington, DC: American Psychological Press, 2009

59. Silananda, U, *The Four Foundations of Mindfulness*. Somerville, MA,: Wisdom Publications, 2003

60. Snyder, C.R., *The Psychology of Hope*, New York: Free Press, 2003

61. Snyder, C.R. *Handbook of Hope: Theory, Measures and Applications*. 2000. New York: Academic Press.

62. Snyder, C.R. and Ford, Carole, *Coping with Negative Life Events*, New York: Springer, 1987

63. Snyder, C.R., McDermott, Cook, and Rapoff, *Hope for the Journey: Helping Children Through Good Times and Bad*, New York: Basic Books, 1997

64. Wansink, Brian, *Mindless Eating: Why We Eat More Than We Think*, New York: Bantam, 2007

65. Wehrenberg, Margaret, *The 10 Best-Ever Anxiety Management Techniques*, New York: Norton, 2008

66. Whybrow, Peter, *American Mania: When More Is Not Enough*, New York: Norton, 2006

67. Thich Nhat Hanh, *The Miracle of Mindfulness*, Boston: Beacon Press, 1976

온라인 자료

Donald Altman's websites: www.mindfulpractices.com, www.mindfulnesscode.com

Awakened Heart Project for Contemplative Judaism: www.awakenedheartproject.org

Boundless Way Zen: www.boundlesswayzen.org

Center for Mindfulness in Medicine, Healthcare, and Society : www.umassmed.edu/content.aspx?id=

Center for Mindfulness and Psychotherapy: www.mindfulnessandpsychotherapy.org

Contemplative Outreach: www.contemplativeoutreach.org

Dana Foundation: www.dana.org

Dzogchen Foundation: www.dzogchen.org

Insight Meditation Society: www.dharma.org

Laboratory for Affective Neuroscience, University of Wisconsin at Madison: http://psyphz.psych.wisc.edu/Mindfulnessatwork.org

Social Cognitive Neuroscience Laboratory, UCLA: www.scn.ucla.edu

The Center for Mindful Eating: www.TCME.ORG

참고문헌

1주차

1. Kabat-Zinn, Jon. (2006) *Coming to Our Senses: Healing Ourselves and the World Through Mindfulness*. New York: Hyperion.

2. Goldstein, Joseph. (2003) *Insight Meditation*. Boston: Shambhala.

3. Altman, Donald. Author interview with Lama Surya Das. January, 11, 2006.

4. Pandita, S.U. (1992). *In This Very Life*. Boston: Wisdom Publications.

5. Shapiro, S.L., Carlson, L.E. (2009). *The Art and Science of Mindfulness. A* Washington, D.C.: American Psychological Association.

6. Langer, E.J. Moldoveanu, M. (2000). The Construct of Mindfulness. *Journal of Social Issues*. 56; 1:1-9.

7. same as 5.

8. Epel E., Blackburn E. et. al. (2004) Accelerated Telomere Shortening in Response to Life Stress. *Proceedings of the National Academy of Sciences. www.pnas.org/content/101/49/17312.full.*

9. O'Connor, R. (2005). *Undoing Perpetual Stress*. New York: Berkley Books.

10. Schwartz, J. (1997) *Brain Lock: Free Yourself from Obsessive-Compulsive Behavior*. New York: Harper Perennial.

11. Gorlick, A. (2009) Media multitaskers pay mental price, Stanford study shows. Stanford University News Service. August 24, 2009.

12. Lyubomirsky, S. (2008). *The How of Happiness*. New York: Penguin.

13. Diener, E. Diener-Biswas, R. (2008). *Happiness: Unlocking the Mysteries of Psychological Wealth*. Malden, MA: Blackwell Publishing.

2주차

1. Ophir, E. Nass, C. Wagner, A.D. (2009) Cognitive control in media multitaskers. Proceedings of the National Academy of Sciences. 2009 Sep 15:106(37); 15583-15587.

2. Gorlick, A. (2009) Media multitaskers pay mental price, Stanford study shows. Stanford University News Service. August 24, 2009.

3. Krishnamurti, J., (1995) The Book of Life: Daily Meditations with Krishnamurti. New York: HarperOne, p. viii.

4. Altman, Donald. Author interview with Lama Surya Das. January, 11, 2006.

5. Benson, H. (1976) The Relaxation Response. New York: Avon.

6. Wolf, O.T. (2009) Stress and memory in humans: Twelve years of progress?

7. Brain Research. 2009 Oct 13; 1293:142-54.

8. Rosenberg, Larry. (2004) Breath by Breath: The Liberating Practice of Insight Meditation. Boston: Shambhala.

3주차

1. Adam, E.K., et al. (2006) Day-to-Day dynamics of experiences—cortisol associations in a popula-tion-based sample of older adults. Proceedings of the National Academy of Sciences. 2006 Nov 7; 103(45):17058-17063.

2. Pruessner, J.C., et al. (1999) Burnout, Perceived Stress, and Cortisol Responses to Awakening. Psycho-somatic Medicine. 1999; 61:197-204.

3. Thoreau, Henry David. (2000) Walden and Other Writings. Boston: Adamant Media.

4. Emmons, R., McCullough, M. (2003) Counting blessings versus burdens: An experimental investigation of gratitude. Journal of Personality and Social Psychology. 2003; 84(2):377-389.

5. Lyubomirsky, Sonja. (2008) The How of Happiness: A New Approach to Getting the Life You Want. New York: Penguin.

6. Brantley, J. (2003) Calming Your Anxious Mind. Oakland, CA: New Harbinger Siegel, R.D. (2010) The Mindfulness Solution. New York: Guilford.

4주차

1. American Psychological Association (2007). *Stress in America*. http://www.APApractice.org.

2. Krueger, J, Killham, E. (2005) At Work, Feeling Good Matters. *Gallup Management Journal*. 2005 Dec 8; http://gmj.gallup.com

3. Same as 2.

4. O'Connor, R. (2005) *Undoing Perpetual Stress*. New York: Berkley.

5. same as 4.

6. Carroll, M. (2004) *Awake at Work: 35 Practical Buddhist Principles for Discovering Clarity and Balance in the Midst of Work's Chaos*. Boston:Shambhala.

7. Langer, E. J. (1989) *Mindfulness*. New York: Da Capo Press.

8. same as 7.

9. Dane, E. (2010) Paying Attention to Mindfulness and Its Effects on Task Performance in the Workplace.

Journal of Management. 2010 April 9:doi:10.1177/0149206310367948.

10. Fries, M. (2008) Mindfulness Based Stress Reduction for the Changing Work Environment. *Journal of Academic and Business Ethics*. 2008 Feb; 15(1):1131-1141.

11. Baldoni, J. (2009) *Lead Your Boss: The Subtle Art of Managing Up*. New York:AMACOM

12. Burgoon, J.K. et al. (2000) Mindfulness and Interpersonal Communication. *Journal of Social Issues*. 2000; 56(1): 105-127.

13. same as 11.

Langer, E.J., Moldoveanu, M. (2000) Mindfulness Research and the Future. *Journal of Social Issues*. 2000; 56(1):129-139.

14. Wansink, B. (2007) *Mindless Eating: Why We Eat More Than We Think*. New York: Bantam

5주차

1. From a speech given by Greg Crosby at Lewis and Clark College, Graduate School of Education, Portland, Ore., October 2002.

2. Fishel, R. (2008) Peace in Our Hearts, *Peace in the World: Meditations of Hope and Healing*. New York: Sterling

3. Cashman, K. (2008) *Leadership from the Inside Out: Becoming a Leader for Life*. San Francisco: Berrett-Koehler Publishers

4. "Emails 'Hurt IQ More Than Pot,'"

5. http://cnn.com/2005/WORLD/europe/04/22/text.iq/ (accessed August 2009).

6. Siegel, R.D. (2010) *The Mindfulness Solution*. New York: Guilford Press.

7. Rodin, J., Langer, E.J. (1980) Aging Labels: The decline of control and the fall of self-esteem. *Journal of Social Issues*. 1980; 36(2):12-29.

8. Begley, S. (2004) Scans of Monks' Brains Show Meditation Alters Structure, Functioning. *The Wall Street Journal*. 2004 Nov. 5; B1.

6주차

1. Wansink, B. (2007) *Mindless Eating: Why We Eat More Than We Think*. New York: Bantam

2. Schwartz, B. (2005) *The Paradox of Choice: Why More Is Less*. New York: Harper Perennial

3. Vohs, K.D., et al. (2008) Making Choices Impairs Subsequent Self-Control: A

4. Limited-Resource Account of Decision Making, Self-Regulation, and Active Initiative. *Journal of Personality and Social Psychology*. 2008; 94(5):883-898.

5. Carlson, L.E., et al. (2004) Mindfulness-based stress reduction in relation to quality of life, mood, symp-

toms of stress and levels of cortisol, dehydroeplandrosterone sulfate (DHEAS) and melatonin in breast and cancer outpatients. *Psychoneurodendocrinology*. 2004 May; 29(4):448-474.

6. Lane, J.D., et al. (2007) Brief Meditation Training Can Improve Perceived Stress And Negative Mood. *Alternative Therapies in Health and Medicine*. 2007 Jan/Feb; 13(1):38-50.

7. Speca, M. et al. (2000) A Randomized, Wait-List Controlled Clinical Trial: The Effect of a Mindfulness Meditation-Based Stress Reduction Program on Mood and Symptoms of Stress in Cancer Outpatients. *Psychosomatic Medicine*. 2000; 62:613-622.

8. Lazar, S.W., et al. (2005) Meditation experience is associated with increased cortical thickness. *Neuroreport*. 2005 Nov 28; 16(17):1893-1897.

O'Neal, M. (2010) Developing a mindfulness practice. The Center for Mindful Living. Minneapolis, MN: www.oceandharma.org. *Putting it Together - Maintaining Mindfulness*

블룸북 | 긍정 마음챙김

ⓒ 도날드 알트만, 2018

초판 1쇄 발행 2018년 1월 26일

지은이   도날드 알트만
옮긴이   송단비, 박주원, 임용대
감수   박정효
에디터   박정희, 임용대, 최현지

펴낸이   박정효
편집   좋은땅 편집팀
펴낸곳   블룸컴퍼니(주)
출판등록   제2017-000040호
주소   서울 서초구 양재천로21길 9 5층(양재동, 화암빌딩)
전화   070-4618-2606
이메일   ask@bloomhappiness.com
홈페이지   www.bloomhappiness.com

ISBN   979-11-88814-03-9 (04180)
ISBN   979-11-960417-0-0 (세트)

이 도서의 국립중앙도서관 출판시 도서목록(CIP)은 서지정보유통지원시스템 홈페이지(http://seoji.nl.go.kr)와 국가
자료공동목록시스템(http://www.nl.go.kr/kolisnet)에서 이용하실 수 있습니다. (CIP제어번호 : CIP2018001812)